智能网联汽车环境感知技术
任务工单

姓　名_____

班　级_____

学　号_____

机械工业出版社

目 录

任务工单一　智能网联汽车及环境感知技术基本认知

任务工单名称	智能网联汽车及环境感知技术基本认知	学时		班级	
学生姓名		学生学号		任务工单成绩	
实训设备、工具及仪器		实训场地	理实一体化教室	日期	
任务工单描述	什么是智能网联汽车，智能网联汽车与传统燃油车有什么区别，发展智能网联汽车有什么意义。作为智能网联汽车专业的学生，通过本项目的学习，你将了解智能网联汽车和环境感知技术的基本知识				

一、资讯

1. 简述智能汽车的定义。

2. 简述网联汽车的定义。

3. 简述智能网联汽车的定义。

4. 智能网联汽车的层次结构可以分为＿＿＿＿＿＿、＿＿＿＿＿＿和＿＿＿＿＿＿。

5. 智能网联汽车在＿＿＿＿＿＿、＿＿＿＿＿＿、＿＿＿＿＿＿及＿＿＿＿＿＿等方面有着广泛的应用。

6. 智能网联汽车环境感知的对象主要包括＿＿＿＿＿＿、＿＿＿＿＿＿、＿＿＿＿＿＿以及＿＿＿＿＿＿。

7. 智能网联汽车环境感知传感器主要包括＿＿＿＿＿＿、＿＿＿＿＿＿、＿＿＿＿＿＿和＿＿＿＿＿＿。

8. 智能网联汽车环境感知技术主要包括＿＿＿＿＿＿、＿＿＿＿＿＿、＿＿＿＿＿＿以及＿＿＿＿＿＿等。

二、计划与决策

请根据所学，调研目前市场上在售的主流智能网联汽车都有哪些，并分别处于哪个自动驾驶等级，并对小组成员进行合理分工，制订详细的计划。

1. 小组成员分工

2. 工作计划

三、任务工单实施

小组车型调研过程及结果。

四、评估

项目	评价指标	自评		互评	
专业技能	掌握智能网联汽车的基本知识	□合格	□不合格	□合格	□不合格
	掌握智能网联汽车智能化分级和网联化分级，以及国内外差异	□合格	□不合格	□合格	□不合格
	了解智能网联汽车的基本应用	□合格	□不合格	□合格	□不合格
	掌握智能网联汽车环境感知的基础知识	□合格	□不合格	□合格	□不合格
	掌握环境感知传感器和环境感知技术	□合格	□不合格	□合格	□不合格
	理解环境感知传感器和环境感知技术的关系	□合格	□不合格	□合格	□不合格
工作态度	能够严于律己执行标准作业	□合格	□不合格	□合格	□不合格
	能够主动分析推理	□合格	□不合格	□合格	□不合格
	具备安全操作意识	□合格	□不合格	□合格	□不合格
个人反思		完成任务工单的质量、时间，是否达到最佳程度，针对不足之处，请提出个人改进建议			
教师评价	教师签字　　　　　　　年　月　日	成绩			
		□合格　　□不合格			

任务工单二　视觉传感器标定与测试

任务工单名称	视觉传感器标定与测试	学时		班级	
学生姓名		学生学号		任务工单成绩	
实训设备、工具及仪器		实训场地	理实一体化教室	日期	
任务工单描述	视觉传感器是智能网联汽车感知智能驾驶环境不可缺少的传感器之一，本任务工单主要介绍智能网联汽车视觉传感器的标定内容、标定原理以及标定方法				

一、资讯

1. 视觉传感器主要包括光源、镜头、_____、_____、图像处理器和图像存储器等。

2. 感光传感器主要分为_____和_____两类。

3. 智能网联汽车搭载的视觉传感器主要以摄像头的形式出现，并且此类摄像头搭载有先进的人工智能算法，可实现目标检测、_____和_____等功能。

4. 根据摄像头在智能网联汽车上的安装位置分类，摄像头可以分为前视摄像头、_____、后视摄像头、侧视摄像头以及_____五种类别。

5. 视觉传感器的内部参数标定主要包括视觉传感器_____、_____、图像原点、畸变标定等。

6. 视觉传感器外部参数标定通常是指_____、_____等参数的标定，即视觉传感器的坐标系相对于世界坐标系的标定。

7. 视觉传感器标定过程中涉及的坐标转换包括_____、_____和_____。

8. 简述相机标定的坐标转换过程？

9. 用棋盘格标定相机前应该注意的问题是什么？

二、计划与决策

请根据所学，为树莓派无人小车系统接入摄像头模块，并对小组成员进行合理分工，制订详细的计划。

1. 实训设备、工具以及仪器

2. 小组成员分工

3. 工作计划

三、任务工单实施

1. 硬件配置

试验所需的硬件包括_____、_____、无线鼠标键盘一套、显示器一个以及数据连接线一根，将所需硬件连接，具体如图2-1所示。

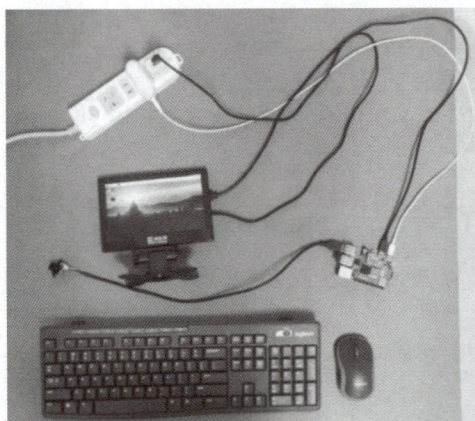

图2-1　硬件及其连接示意图

2. 系统配置

1）首先下载安装官方所提供的树莓派系统，具体版本信息如图2-2所示。

图2-2　安装系统版本信息示意图

2）如何判断摄像头模块是否接入树莓派。摄像头模块在连线前后分别在命令行输入_____，以判断系统是否有检测到该设备，如果有多出来的就是USB摄像头，具体如图2-3所示。

图 2-3　摄像头是否接入判断示意图

3）如果没有检测到摄像头模块，则需要到系统配置里使能摄像头功能，然后＿＿＿＿。重启命令为：＿＿＿＿，具体如图 2-4 所示。

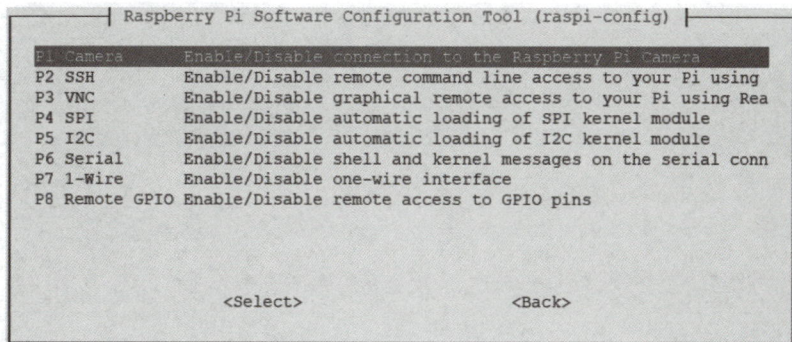

图 2-4　树莓派系统重启

4）确定摄像头拍摄程序。系统成功识别到摄像头硬件后，就可以拍照试试，但具体用哪一个摄像头呢？同样的，需要通过插拔摄像头来看看，继续输入命令：＿＿＿＿＿＿＿＿，将得到图 2-5 所示的内容。

图 2-5　摄像头拍摄程序

这里需要注意一下，有时候在用后文的方法获取摄像头图像后 video0 会消失，导致无法再进行拍摄，只有＿＿＿＿才能解决问题。所以，这里需要优化以下配置，将其解决。具体解决方案：使用 root 权限打开/etc/modules，然后添加一行：＿＿＿＿＿＿＿，然后重启树莓派，如图 2-6 所示。

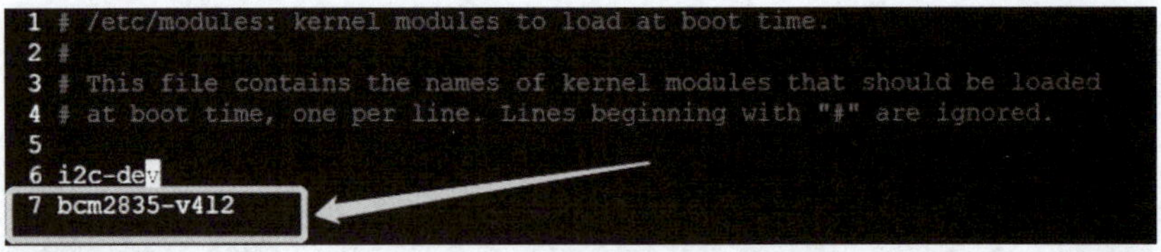

图 2-6　优化配置树莓派系统

3. 效果测试

利用摄像头模块拍摄照片，若使用的是官方提供的＿＿＿＿＿＿＿摄像头模块，则使用命令：raspistill-o image_name.jpg。若使用的是＿＿＿＿＿＿的摄像头模块，则使用命令：fswebcam/dev/video0 ./img1.jpg。注意，系统可能没有拍摄程序，使用上述命令前需要安装该程序，具体安装命令：sudo apt-get install fswebcam。图 2-7 所示为测试过程示意图。

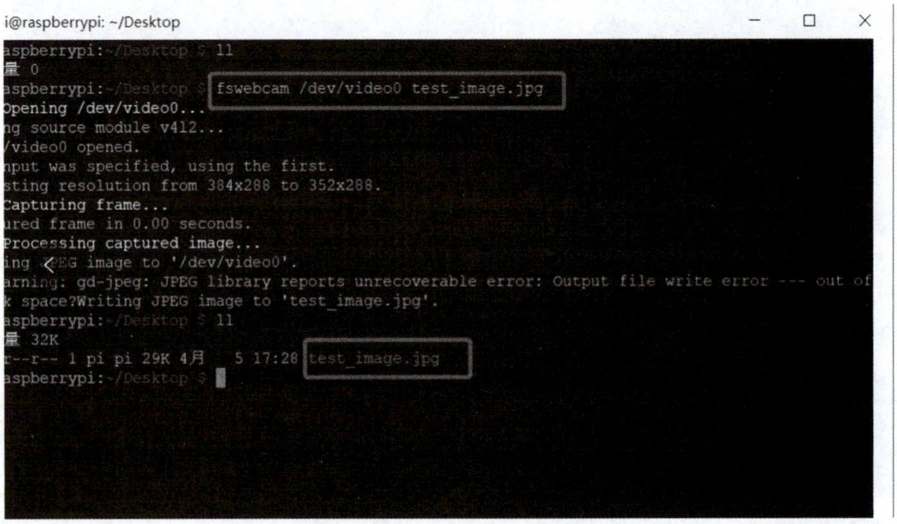

图 2-7　测试过程示意图

找到这个路径下所拍摄的图片，双击"打开"，拍摄结果示意图如图 2-8 所示。

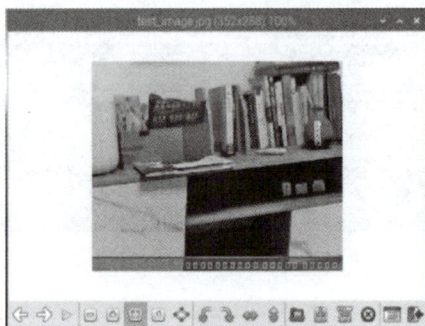

图 2-8　拍摄结果示意图

四、检查

对照试验步骤操作，检查是否接入了摄像头模块，若未接入，请分析原因。

五、评估

项目	评价指标	自评		互评	
专业技能	掌握视觉传感器的标定内容	□合格	□不合格	□合格	□不合格
	掌握树莓派接入摄像头模块的硬件连接方式	□合格	□不合格	□合格	□不合格
	正确为树莓派系统接入摄像头模块	□合格	□不合格	□合格	□不合格
工作态度	具备专业思维模式	□合格	□不合格	□合格	□不合格
	具备职业安全责任意识	□合格	□不合格	□合格	□不合格
	能够回顾反思、总结提炼	□合格	□不合格	□合格	□不合格
个人反思		完成任务工单的质量、时间，是否达到最佳程度，针对不足之处，请提出个人改进建议			
教师评价	教师签字　　　　年　月　日	成绩			
		□合格　　□不合格			

任务工单三　视觉传感器的环境感知流程

任务工单名称	视觉传感器的环境感知流程	学时		班级	
学生姓名		学生学号		任务工单成绩	
实训设备、工具及仪器		实训场地	理实一体化教室	日期	
任务工单描述	通过本任务工单的学习，了解并掌握视觉传感器的具体环境感知流程。本任务工单针对自动驾驶行业的视觉感知做简要介绍，从传感器端的对比，到数据的采集标注，进而对感知算法进行分析，给出各个模块的难点和解决方案，最后介绍感知模块的主流框架设计				

一、资讯

1. 智能网联汽车视觉感知任务分解成_____、_____、目标测量、图像分类等。

2. 智能网联汽车道路交通的感知功能主要包括动态目标检测（车辆、行人和非机动车）、_____和_____。

3. 传感器组件主要是指智能网联汽车上的各种摄像头，包括前视摄像头、广角摄像头和_____。

4. 数据标注形式包括_____和_____。

5. 视觉感知可以分为多个功能模块，如_____、_____、可通行区域划分、车道线检测等。

二、计划与决策

请根据所学，分小组对所学内容进行总结，并相互交流一下对视觉传感器环境感知流程的认知。

1. 小组成员分工

2. 工作计划

三、任务工单实施

讨论结果。

四、评估

项目	评价指标	自评		互评	
专业技能	掌握视觉环境感知流程的基本知识	□合格	□不合格	□合格	□不合格
	掌握主流厂商视觉环境感知方案	□合格	□不合格	□合格	□不合格
工作态度	具备专业思维模式	□合格	□不合格	□合格	□不合格
	具备职业安全责任意识	□合格	□不合格	□合格	□不合格
	能够回顾反思、总结提炼	□合格	□不合格	□合格	□不合格
个人反思		完成任务工单的质量、时间，是否达到最佳程度，针对不足之处，请提出个人改进建议			
教师评价	教师签字 　年　　月　　日	成绩			
		□合格　　□不合格			

任务工单四　超声波雷达的认知及应用

任务工单名称	超声波雷达的认知及应用	学时		班级	
学生姓名		学生学号		任务工单成绩	
实训设备、工具及仪器		实训场地	理实一体化教室	日期	
任务工单描述	日常车辆倒车停车时，常会听到车里发出"嘀嘀嘀"的警告提示音，提醒驾驶人主要车后的障碍物。本任务工单主要介绍超声波雷达的定义、组成、特点、测距原理、技术参数以及相关应用等				

一、资讯

1. 超声波雷达由_____、_____、_____和_____组成。

2. 超声波雷达的主要技术参数包括测量距离、测量精度、_____、_____和_____。

3. 超声波雷达的应用主要包括_____、_____、_____、_____以及_____等。

4. 自动泊车系统主要包括_____和_____两类超声波雷达。

5. 主流的自动泊车系统搭载有_____个超声波雷达。

6. 简述超声波雷达的定义。

7. 简述倒车雷达预警系统。

二、计划与决策

请根据所学，为树莓派无人小车系统接入超声波雷达模块并进行调试，同时，小组成员进行合理分工，制订详细的计划。

1. 小组成员分工

2. 工作计划

三、任务工单实施

本试验将使用树莓派连接 HC-SR04 超声波测距传感器，如图 4-1 所示。用 python GPIO 控制传感器完成距离测定，并控制小车在前方障碍小于某一特定值时，做出"停止""后退"等一系列动作。

图 4-1　HC-SR04 超声波测距传感器

1. 工作原理

1）给 IO 口 TRIG 至少_____的高电平信号触发测距。

2）模块自动发送 8 个 40kHz 的方波，自动检测是否有信号返回。

3）有信号返回，通过 IO 口 ECHO 输出一个高电平，高电平持续的时间就是超声波从发射到返回的时间。因此，可以得到：测试距离 =_____。

2. 接线方式

HC-SR04 超声波距离传感器模块共有四个端子，其中，有两个_____端子和两个_____端子。

1）Vcc 和 Gnd 是电源端子，Vcc 接树莓派 GPIO 口输出的 5V 电源接口，Gnd 接树莓派任意一个 Gnd 接口。理论上说，Vcc 和 Gnd 接任意的 5V DC 电源都行，但最好使用树莓派的 GPIO 口供电，不然会影响这个模块的运行。

2）Trig 端子用来接收树莓派的_____信号，接任意 GPIO 口。

3）Echo 端子用来向树莓派返回_____，接任意 GPIO 口。

3. 测试方法

使用 Python 的 GPIO 库操作超声波传感器方法如下：

1）创建一个 python 文件，命名为 checkDist.py。打开文件，创建测距函数 checkdist，具体代码如图 4-2 所示。

2）_____这一函数，并把测得的目标物距离显示出来，具体函数如图 4-3 所示。

保存代码并执行，可以看到，每隔 0.5s，系统将显示前方目标物的距离。

```
import RPi.GPIO as GPIO
import time

########超声波传感器接口定义###############
Trig = 38
Echo = 40
# 超声波距离探测
def checkdist(self):
    GPIO.setup(Trig, GPIO.OUT, initial=GPIO.LOW)
    GPIO.setup(Echo, GPIO.IN)
    GPIO.output(Trig, GPIO.HIGH)
    time.sleep(0.00015)
    GPIO.output(Trig, GPIO.LOW)
    while not GPIO.input(Echo):
        pass
    t1 = time.time()
    while GPIO.input(Echo):
        pass
    t2 = time.time()
    return (t2-t1)*340*100/2
```

图 4-2　测距函数代码

```
def distStart():
    try:
        while True:
            print '目标距离:%0.2f cm' % checkdist()
            time.sleep(0.5)
    except KeyboardInterrupt:
        GPIO.cleanup()

distStart()
```

图 4-3　循环执行函数代码

四、检查

检查系统是否正确显示前方目标物的距离，并验证是否正确。

五、评估

项目	评价指标	自评		互评	
专业技能	掌握超声波雷达的基本知识	□合格	□不合格	□合格	□不合格
	正确执行树莓派接入超声波雷达模块的硬件连接方式	□合格	□不合格	□合格	□不合格
	正确为树莓派接入超声波雷达模块	□合格	□不合格	□合格	□不合格
工作态度	具备专业思维模式	□合格	□不合格	□合格	□不合格
	具备职业安全责任意识	□合格	□不合格	□合格	□不合格
	能够回顾反思、总结提炼	□合格	□不合格	□合格	□不合格
个人反思		完成任务工单的质量、时间，是否达到最佳程度，针对不足之处，请提出个人改进建议			
教师评价	教师签字　　　　　　　年　　月　　日	成绩			
		□合格　　　□不合格			

任务工单五　毫米波雷达测试标定及应用

任务工单名称	毫米波雷达测试标定及应用	学时		班级	
学生姓名		学生学号		任务工单成绩	
实训设备、工具及仪器		实训场地	理实一体化教室	日期	
任务工单描述	毫米波雷达是智能网联汽车自动驾驶不可或缺的环境传感器之一，自适应巡航系统、紧急制动系统、变道辅助系统等都离不开毫米波雷达。本任务工单首先介绍毫米波雷达的基本知识，包括定义、组成以及测量原理等，然后介绍毫米波雷达的标定方法，最后为毫米波雷达的应用打下基础				

一、资讯

1. 简述电磁波的定义。

2. 简述毫米波的定义。

3. 简述毫米波雷达的定义。

4. 简述毫米波雷达标定测试中功能测试都有哪些（最少说出 5 种）。

5. 毫米波雷达的标定测试发射机的测试和其他功能测试相比有什么不同？

6. 毫米波雷达的标定测试中，漏检率的测试方法是什么？

7. 简述自适应巡航系统。

8. 简述自动紧急制动系统。

9. 简述前方碰撞预警系统。

10. 毫米波雷达测试目标可以分为_____和_____。

11. 毫米波雷达的测试环境温度要求为_____。

12. 毫米波雷达标定测试的测试目标都有_____和_____。

13. 毫米波雷达标定测试的目标探测范围为_____。

14. 毫米波雷达在测试前要求探测率应不低于_____。

二、计划与决策

请根据所学，以小组为单位对毫米波雷达进行校准调试，同时，小组成员进行合理分工，制订详细的计划。

1. 小组成员分工

2. 工作计划

三、任务工单实施

1. 毫米波雷达需要校准的情况

1）毫米波雷达传感器_____或存在_____的情况。

2）安装毫米波雷达的_____松动或存在更换的情况。

3）毫米波雷达传感器_____松动或拆卸。

4）车辆_____几何发生变化。

5）车辆前部内的后端受到外力攻击碰撞。

2. 注意事项

1）进行毫米波雷达调整时，车辆必须置于_____上，胎压正常，四轮定位正常。

2）调试校准空间宽敞。

3）拆下毫米波雷达_____。

4）务必根据设备提示信息步骤正确_____。

5）新轩逸 B18 必须用日产_____，如图 5-1 所示，连接网关控制单元。

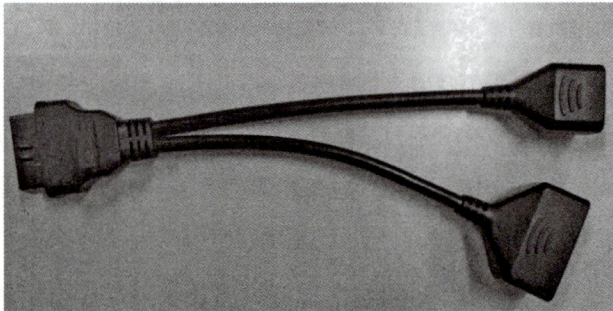

图 5-1　日产 16+32 转接线

3. 试验设备要求

元征 PRO 系列、PAD 系列所有产品＋元征 ADAS 校准设备＋日产 16＋32 转接线。

4. 试验操作步骤

1）找到网关控制单元，拔掉网关控制单元连接线，连接日产 16＋32 转接线，如图 5-2 所示。

2）打开汽车_____，连接好元征设备，选择日产（NISSAN）车型软件 V44.75 及以上版本，进入以下菜单界面，并选择_____，确定车型后，进入图 5-3 所示的主菜单界面。

图 5-2　连接网关控制单元示意图

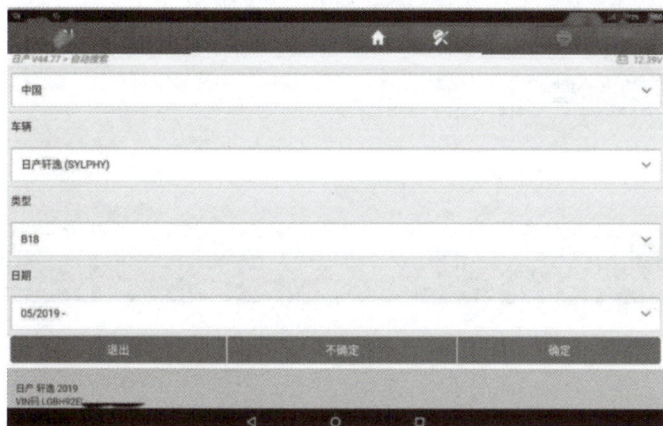

图 5-3　主菜单界面示意图

3）确定好车型后，单击"确定"，进入功能菜单界面，依次选择_____、"激光/雷达"、_____；若存在毫米波雷达故障，此步骤会读到如"C2581-78"的故障码。之后继续选择"工作支持"、_____和_____，此时会得到图 5-4 所示的显示界面。

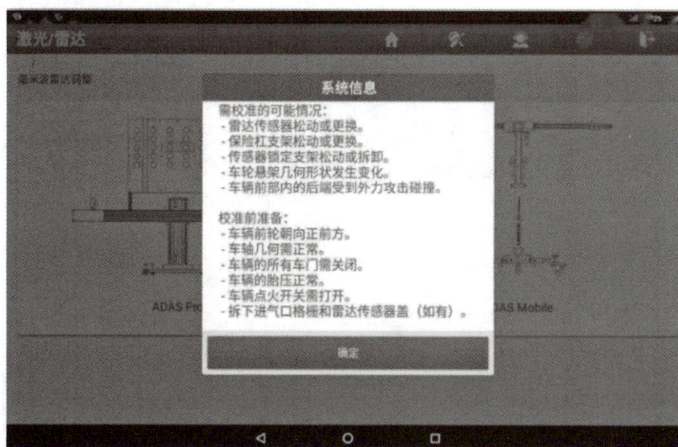

图 5-4　界面显示

4）选择"确定"，如图5-5所示。

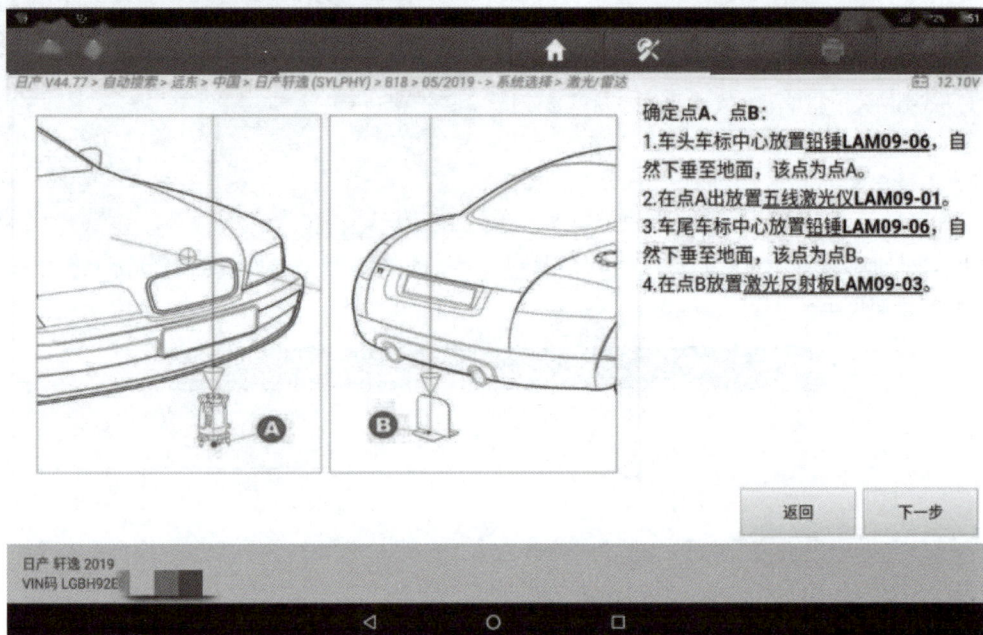

图 5-5　界面显示

5）继续选择_____，如图5-6所示。

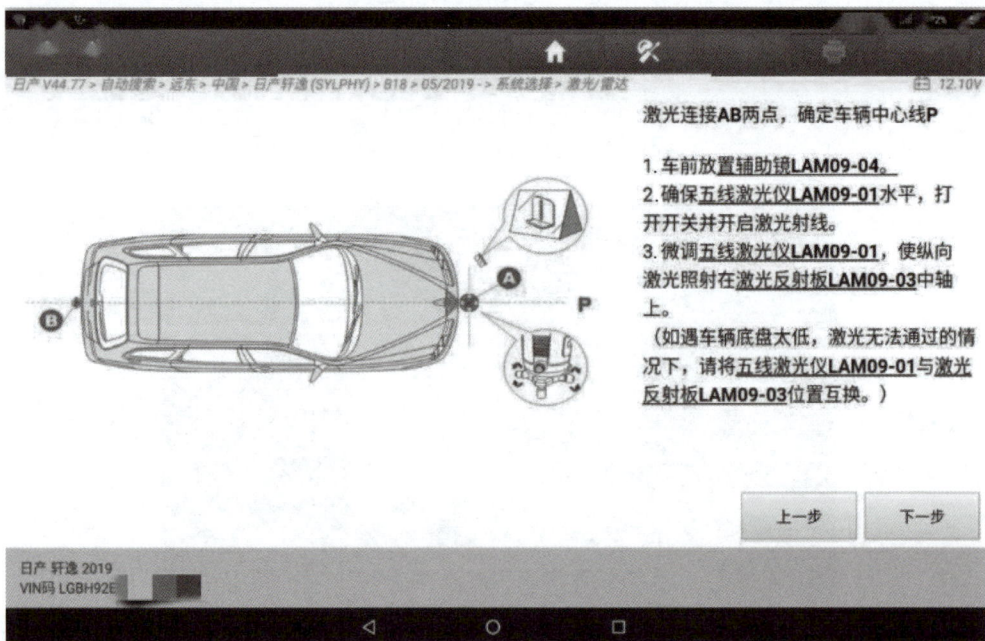

图 5-6　标定物摆放示意图

6）继续选择"下一步"，直到显示图5-7所示的界面。

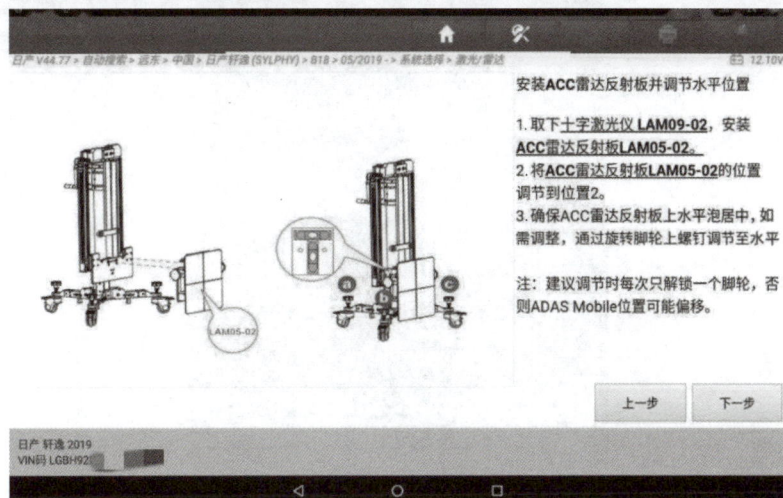

图5-7　雷达反射板调节示意图

7）继续选择"下一步"，完成后按照之前界面提示的方法摆放好_____，具体如图5-8~图5-10所示。

图5-8　标靶摆放完成示意图（一）

图5-9　标靶摆放完成示意图（二）

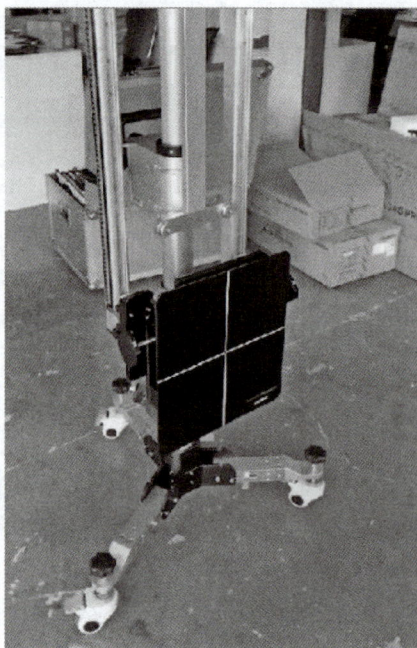

图 5-10　标靶摆放完成示意图（三）

8）选择"校准"，如图 5-11 所示。

项目	名称:	值	单元
当前状态			
垂直角度	雷达角度	向下	
垂直角度	雷达测量结果	42.40	度
水平角度	雷达角度	向左	
水平角度	雷达测量结果	55.20	度
校正状态	初始化对准		

图 5-11　校核结果示意图

9）雷达的垂直角度和水平角度偏差太大，需要调整雷达模块旁边的_____，注意：调整雷达角度时，这里读取的雷达角度不是实时变化，调整完成后，需要开车路试一下，直到调整雷达垂直角度和水平角度在_____之内，然后再单击"开始"，如图 5-12 所示。

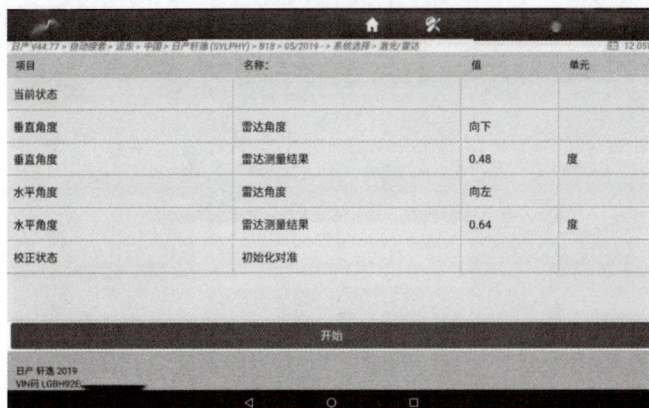

图 5-12　校核过程界面示意图（一）

10）选择"开始"，如图 5-13 所示。

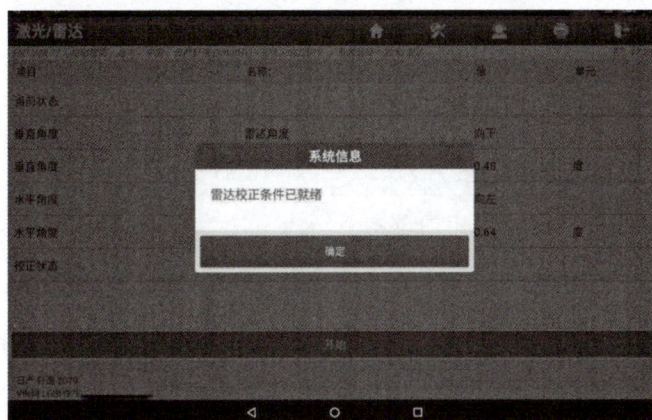

图 5-13　校核过程界面示意图（二）

11）选择"确定"，得到图 5-14 所示界面。

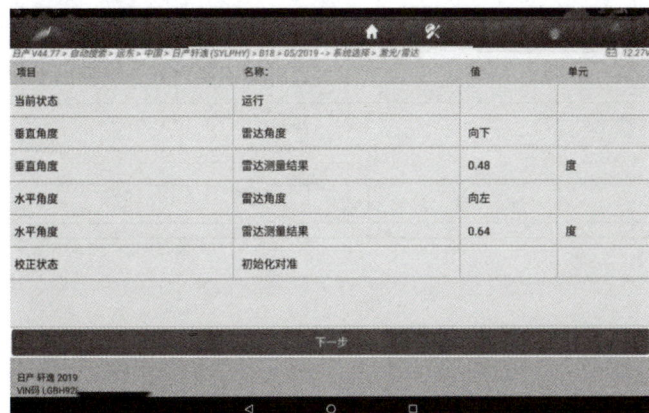

图 5-14　校核过程界面示意图（三）

12）继续选择"下一步"，显示校正完成，再次读取故障码，若校准成功会得到图 5-15 所示界面。

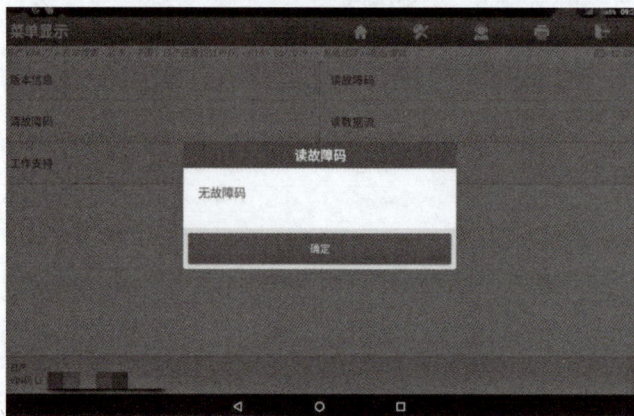

图 5-15　校核完成界面示意图

四、评估

项目	评价指标	自评		互评	
专业技能	掌握毫米波雷达标定的基本知识	□合格	□不合格	□合格	□不合格
	正确进行车辆毫米波雷达标定硬件连接	□合格	□不合格	□合格	□不合格
	正确进行毫米波雷达标定过程	□合格	□不合格	□合格	□不合格
工作态度	具备专业思维模式	□合格	□不合格	□合格	□不合格
	具备职业安全责任意识	□合格	□不合格	□合格	□不合格
	能够回顾反思、总结提炼	□合格	□不合格	□合格	□不合格
个人反思		完成任务工单的质量、时间，是否达到最佳程度，针对不足之处，请提出个人改进建议			
教师评价	教师签字　　　　　　　年　月　日	成绩			
		□合格　　□不合格			

任务工单六　激光雷达标定及应用

任务工单名称	激光雷达标定及应用	学时		班级	
学生姓名		学生学号		任务工单成绩	
实训设备、工具及仪器		实训场地	理实一体化教室	日期	
任务工单描述	通过本任务工单的学习，掌握智能网联汽车激光雷达的定义、组成、特点、工作原理和主要技术参数等基本知识，了解并掌握智能网联汽车车载激光雷达的标定内容和标定测试方法以及具体应用。车载激光雷达的标定包括激光雷达与相机的联合标定以及激光雷达与惯性导航系统的联合标定等				

一、资讯

1. 简述什么是激光雷达。

2. 请具体阐述至少一种激光雷达的测距原理。

3. 简述激光雷达的技术参数都有哪些。

4. 激光雷达和相机的联合标定主要是标定什么？

5. 激光雷达与相机之间的联合标定用的标定物都有什么？

6. 激光雷达与相机的联合标定中都涉及的坐标系有_____、_____、_____和_____。

7. 世界坐标系的作用是_____。

8. 在高精度地图的应用中，激光雷达通常与_____、_____等配合工作，以达到智能网联汽车精确定位的目的。

9. L5级别的自动驾驶算力需求超过_____ TOPS。

10. 除特斯拉以外，目前主流的自动驾驶平台都能支持大概_____及以上的激光雷达。

二、计划与决策

请根据所学，以小组为单位完成用计算机连接 M1 激光雷达的试验，同时，小组成员进行合理分工，制订详细的计划。

1. 小组成员分工

2. 工作计划

三、任务工单实施

1. M1 激光雷达接口

图 6-1 所示为 M1 激光雷达。

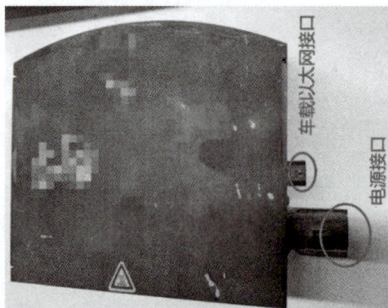

图 6-1　M1 激光雷达

图中较粗的接口为雷达的_____，即通过这个接口接入外部电源，给雷达供电；图中较细的接口为_____接口，即通过这个接口与上位机或者计算机收发数据。当然，雷达_____也是通过这个接口。

2. 激光雷达接线盒

图 6-2 所示为激光雷达接线盒。接线盒的主要作用是将_____转换为普通以太网，方便普通用户调试。另外一个作用是给_____。车载以太网接口通过车载以太网线连接到雷达。雷达电源接口通过电源线连接到雷达，给雷达供电。RJ45 以太网接口通过网线连接计算机。接线盒电源接口除了给盒子供电外，还给_____供电。注意：该接线盒本身不会对电源做升压降压转换，所以，这里的电源接口电压是多少，则雷达端的电压就是多少。一般随机附赠电源适配器为 12V，采用 12V 供电即可。

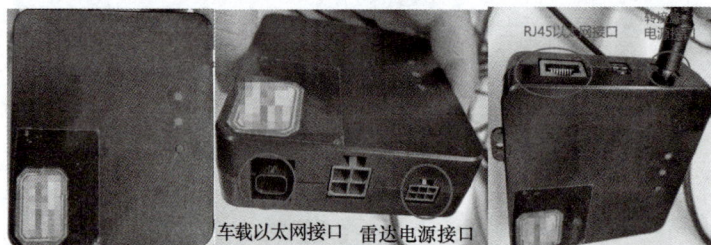

图 6-2　激光雷达接线盒

接线盒上有绿色和红色指示灯。绿色指示灯快速闪烁表示接线盒与_____通信正常，红色指示灯快速闪烁表示接线盒与_____通信正常。当雷达与计算机连接畅通时，这两个指示灯会快速闪烁。如果发现灯不闪烁，请检查接线是否良好稳固。

3. 将 M1 激光雷达与计算机连接

图 6-3 所示为 M1 激光雷达与计算机连接图。RJ45 网线的另外一头接入计算机网口。注意：计算机网口需要支持_____网络。

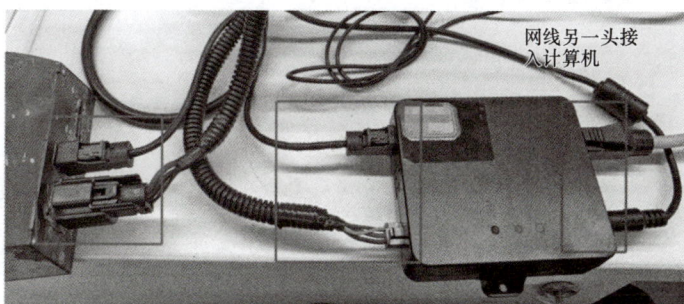

图 6-3　M1 激光雷达与计算机连接图

4. 安装 Wireshark 软件

当雷达通过接线盒以及线束连接到计算机后，如何确定计算机可以收到雷达的数据？此时需要借助 Wireshark 软件。Wireshark 是一款开源的_____软件，在 Windows、macOS、Linux 平台下均可以安装使用。Wireshark 可以抓取网卡上收到的报文，通过报文可以知道当前网卡是否已经接收到雷达的数据。

5. 开始连接 M1 激光雷达

首先进入网络适配器界面，将 M1 激光雷达所在网卡的 IP 地址设置，如图 6-4 所示，并单击"确定"。

图 6-4　IP 地址设置

打开 Wireshark，双击雷达所连接网卡。当出现大量_____报文，即代表计算机成功接收到雷达数据了，如图 6-5 和图 6-6 所示。

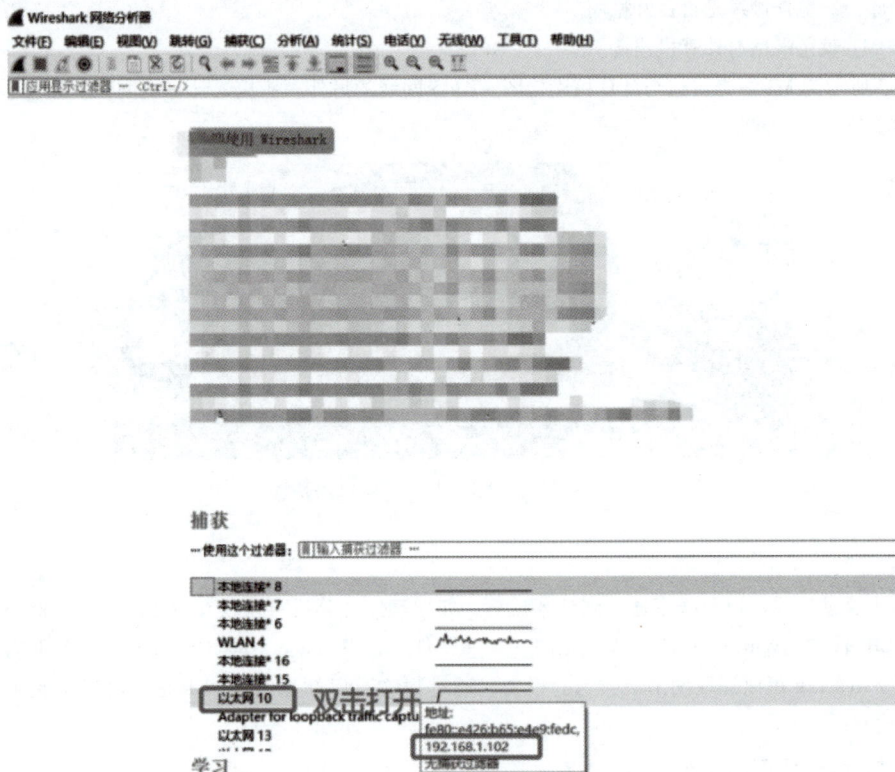

图 6-5　UDP 数据报文

No.	Time	Source	Destination	Protocol	Length	Info
13377	2.045225	192.168.1.200	192.168.1.102	UDP	1252	49152 → 6699 Len=1210
13378	2.045225	192.168.1.200	192.168.1.102	UDP	1252	49152 → 6699 Len=1210
13379	2.045225	192.168.1.200	192.168.1.102	UDP	1252	49152 → 6699 Len=1210
13380	2.045225	192.168.1.200	192.168.1.102	UDP	1252	49152 → 6699 Len=1210
13381	2.045434	192.168.1.200	192.168.1.102	UDP	1252	49152 → 6699 Len=1210
13382	2.046021	192.168.1.200	192.168.1.102	UDP	1252	49152 → 6699 Len=1210
13383	2.046223	192.168.1.200	192.168.1.102	UDP	1252	49152 → 6699 Len=1210
13384	2.046223	192.168.1.200	192.168.1.102	UDP	1252	49152 → 6699 Len=1210
13385	2.046223	192.168.1.200	192.168.1.102	UDP	1252	49152 → 6699 Len=1210
13386	2.046223	192.168.1.200	192.168.1.102	UDP	1252	49152 → 6699 Len=1210
13387	2.046429	192.168.1.200	192.168.1.102	UDP	1252	49152 → 6699 Len=1210
13388	2.046429	192.168.1.200	192.168.1.102	UDP	1252	49152 → 6699 Len=1210
13389	2.046429	192.168.1.200	192.168.1.102	UDP	1252	49152 → 6699 Len=1210
13390	2.046429	192.168.1.200	192.168.1.102	UDP	1252	49152 → 6699 Len=1210
13391	2.047019	192.168.1.200	192.168.1.102	UDP	1252	49152 → 6699 Len=1210

图 6-6　数据示意图

然后到速腾官网 https://www.robosense.cn/，在资源中心下找到 M1 相关内容，下载用于点云显示的 Rsview 软件，如图 6-7 所示。

图 6-7　Rsview 软件下载示意图

解压下载到的文件。进入 bin 目录，双击"RSView.exe"，如图 6-8 所示。

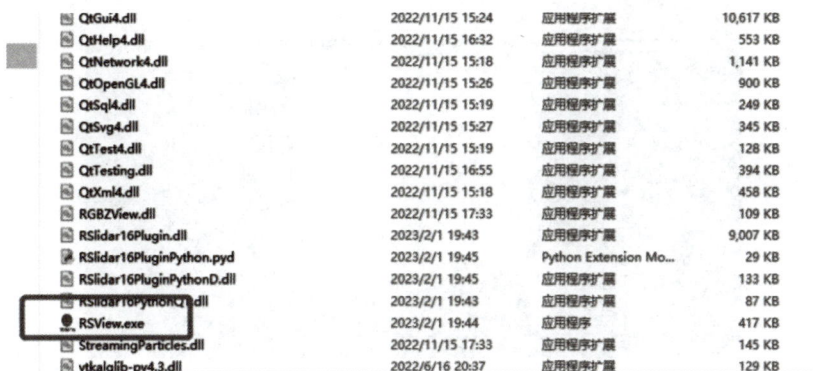

图 6-8　Rsview 软件安装示意图

安装完成后会得到图 6-9 所示的软件界面。进入 File->Sensor network config，在 MSOP port 填入 6699。
"6699"指的是 MSOP 端口号，可以从 Wireshark 中的报文里面得到，单击"OK"，如图 6-10 所示。

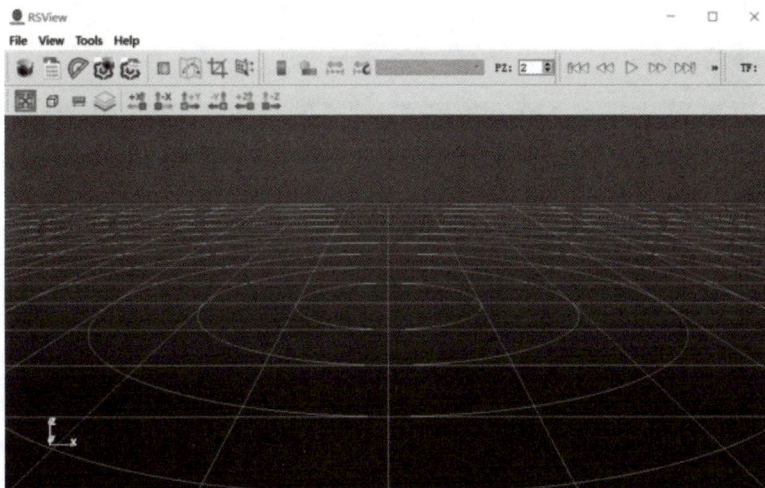

图 6-9　Rsview 软件界面

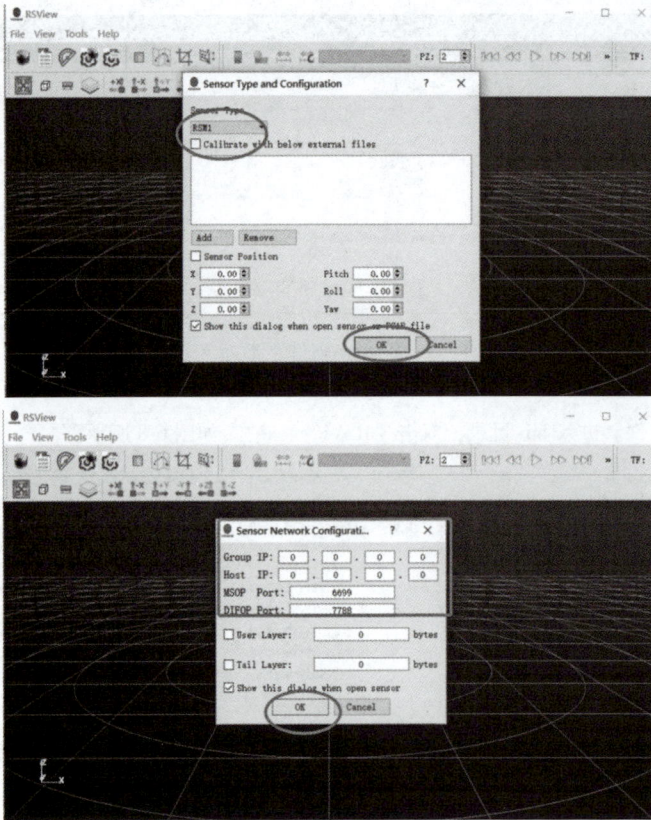

图 6-10　端口配置示意图

成功完成以上步骤后，就可以得到激光雷达检测到的点云数据了。拿起雷达晃两下，看看点云是否跟随雷达在晃动，表示雷达在实时显示点云，如图 6-11 所示。

图 6-11　M1 激光雷达点云数据显示

四、评估

项目	评价指标	自评		互评	
专业技能	掌握激光雷达标定的基本知识	□合格	□不合格	□合格	□不合格
	正确进行计算机连接激光雷达的硬件	□合格	□不合格	□合格	□不合格
	正确进行计算机接入激光雷达的具体操作	□合格	□不合格	□合格	□不合格
工作态度	具备专业思维模式	□合格	□不合格	□合格	□不合格
	具备职业安全责任意识	□合格	□不合格	□合格	□不合格
	能够回顾反思、总结提炼	□合格	□不合格	□合格	□不合格
个人反思		完成任务工单的质量、时间，是否达到最佳程度，针对不足之处，请提出个人改进建议			
教师评价	教师签字　　　　　年　月　日	成绩			
		□合格　　　□不合格			

任务工单七　多传感器信息融合技术应用

任务工单名称	多传感器信息融合技术应用	学时		班级	
学生姓名		学生学号		任务工单成绩	
实训设备、工具及仪器		实训场地	理实一体化教室	日期	
任务工单描述	通过本任务工单的学习，了解智能网联汽车多传感器信息融合的原理，包括融合的层次和融合结构，掌握智能网联汽车多传感器融合技术的分类，以及了解智能网联汽车多传感器信息融合的方法；掌握智能网联汽车上典型的多传感器融合方案，了解多传感器信息融合在智能网联汽车上的应用				

一、资讯

1. 简述智能网联汽车多传感器融合具体都有哪些典型的方案。

2. 简述摄像头与毫米波雷达融合的优势。

3. 智能网联汽车传感器融合主要包括的传感器有＿＿＿＿＿＿、＿＿＿＿＿＿、＿＿＿＿＿＿和＿＿＿＿＿＿等。

4. 多传感器信息融合层次包括＿＿＿＿＿＿、＿＿＿＿＿＿和＿＿＿＿＿＿。

5. 多传感器融合结构包括＿＿＿＿＿＿、＿＿＿＿＿＿和＿＿＿＿＿＿。

6. 智能网联汽车多传感器融合技术总体上可以分为＿＿＿＿＿＿和＿＿＿＿＿＿。

7. 视觉传感器与毫米波雷达的数据融合大致有＿＿＿＿＿＿、＿＿＿＿＿＿、＿＿＿＿＿＿三种策略。

8. 激光雷达和摄像头的融合过程可以分为＿＿＿＿＿＿、＿＿＿＿＿＿。

二、计划与决策

请根据所学，以小组为单位讨论分享对典型智能网联汽车多传感器信息融合方案的理解，同时，小组成员进行合理分工，制订详细的计划。

1. 小组成员分工

2. 工作计划

三、任务工单实施

小组调研过程及结果。

四、评估

项目	评价指标	自评	互评
专业技能	掌握智能网联汽车多传感器融合方案的过程及原理	□合格　　□不合格	□合格　　□不合格
工作态度	具备专业思维模式	□合格　　□不合格	□合格　　□不合格
	具备职业安全责任意识	□合格　　□不合格	□合格　　□不合格
	能够回顾反思、总结提炼	□合格　　□不合格	□合格　　□不合格
个人反思		完成任务工单的质量、时间，是否达到最佳程度，针对不足之处，请提出个人改进建议	
教师评价	教师签字 　　年　月　日	成绩	
		□合格　　□不合格	

任务工单八　智能网联汽车 V2X 通信技术应用

任务工单名称	智能网联汽车 V2X 通信技术应用	学时		班级	
学生姓名		学生学号		任务工单成绩	
实训设备、工具及仪器		实训场地	理实一体化教室	日期	
任务工单描述	通过本任务工单的学习，了解并掌握智能网联汽车 V2X 通信技术的定义、V2X 通信技术的分类、5G 技术在智能网联汽车上的应用；了解并掌握的 V2X 应用场景和对应的技术需求，了解车路协同技术的相关知识，以及了解车路协同技术的实践应用				

一、资讯

1. 简述 V2X、V2V、V2P、V2I、V2N 技术。

2. 简述车路协同控制技术。

3. 简述车路协同控制技术的具体应用。

4. 车联网场景按需求可分为＿＿＿＿＿＿、＿＿＿＿＿＿、＿＿＿＿＿＿和＿＿＿＿＿＿四大类。

5. 驾驶效率类场景又可细分为＿＿＿＿＿＿、＿＿＿＿＿＿和＿＿＿＿＿＿三类。

6. 车路协同通过＿＿＿＿＿、＿＿＿＿＿、＿＿＿＿＿三层构架实现环境感知、数据融合计算和决策控制，从而提供安全、高效、便捷的智慧交通服务。

二、计划与决策

请根据所学，以小组为单位调研一下目前国内外智能网联汽车 V2X 通信技术的具体应用有哪些，同时，小组成员进行合理分工，制订详细的计划。

1. 小组成员分工

2. 工作计划

三、任务工单实施

小组调研过程及结果。

四、评估

项目	评价指标	自评		互评	
专业技能	掌握 V2X 技术的具体应用	□合格	□不合格	□合格	□不合格
	了解主流智能网联汽车 V2X 技术的应用情况	□合格	□不合格	□合格	□不合格
工作态度	具备专业思维模式	□合格	□不合格	□合格	□不合格
	具备职业安全责任意识	□合格	□不合格	□合格	□不合格
	能够回顾反思、总结提炼	□合格	□不合格	□合格	□不合格
个人反思		完成任务工单的质量、时间，是否达到最佳程度，针对不足之处，请提出个人改进建议			
教师评价	教师签字　　　　　　　　年　月　日	成绩			
		□合格　　　□不合格			

任务工单九　智能网联汽车导航定位技术

任务工单名称	智能网联汽车导航定位技术	学时		班级	
学生姓名		学生学号		任务工单成绩	
实训设备、工具及仪器		实训场地	理实一体化教室	日期	
任务工单描述	通过本任务工单的学习，了解并掌握智能网联汽车常用的定位技术、GPS 的基本知识以及 BDS 的相关知识，了解并掌握智能网联汽车惯性导航技术的工作原理、作用以及惯性导航系统的特点，了解智能网联汽车是如何利用高精度地图定位和导航的				

一、资讯

1. 简述 GPS 主要的定位方法。

2. 简述视觉定位技术的工作原理。

3. 智能网联汽车惯性导航系统的作用是什么？

4. 简述智能网联汽车通过高精度地图定位的方法。

5. 简述惯性导航系统的工作原理。

6. 智能网联汽车常见的定位技术有_____、_____、_____和_____。

7. GPS 由_____、_____、_____组成。

8. 高精度地图的图层分为_____、_____、_____三类。

9. 静态高精度地图包含_____、_____和_____三类信息。

10. 高精度地图对于智能网联汽车无人驾驶来说主要有_____、_____、_____三大功能。

11. 高精度地图的制作流程主要包括_____、_____、_____、_____四个步骤。

二、计划与决策

请根据所学，以小组为单位调研一下目前国内外智能网联汽车导航定位技术的发展现状以及应用，同时，小组成员进行合理分工，制订详细的计划。

1. 小组成员分工

2. 工作计划

三、任务工单实施

小组调研过程及结果。

四、评估

项目	评价指标	自评	互评
专业技能	掌握智能网联汽车常见的定位导航技术	□合格　□不合格	□合格　□不合格
	掌握惯性导航技术的具体应用	□合格　□不合格	□合格　□不合格
	掌握国内外地图的应用	□合格　□不合格	□合格　□不合格
工作态度	具备专业思维模式	□合格　□不合格	□合格　□不合格
	具备职业安全责任意识	□合格　□不合格	□合格　□不合格
	能够回顾反思、总结提炼	□合格　□不合格	□合格　□不合格
个人反思		完成任务工单的质量、时间，是否达到最佳程度，针对不足之处，请提出个人改进建议	
教师评价	教师签字　　　　　年　月　日	成绩	
		□合格　□不合格	

智能网联汽车环境感知技术

主　编　朱　凯　吉文哲

副主编　张　扬　陈玉华

参　编　胡腾飞　王　永　任　琴

　　　　李　腾　翟明新

机械工业出版社

本书以现阶段智能网联汽车自动驾驶为背景、以环境感知传感器及环境感知技术为载体、以培养学生对智能网联汽车环境感知认识为目标，对教学内容进行项目式重构，共设计智能网联汽车及环境感知技术基本认知、视觉传感器标定与测试、超声波雷达的认知及应用、毫米波雷达测试标定及应用、激光雷达标定及应用、多传感器信息融合技术应用、智能网联汽车 V2X 通信技术应用、智能网联汽车导航定位技术八个项目，每个项目分为若干个任务，涉及智能网联汽车环境感知技术的理论和实践。

本书适用于开设智能网联汽车方向专业的本科及职业院校使用，也适用于各类培训机构使用，同时也可作为智能网联汽车从业人员学习参考书。

本书配有电子课件、二维码视频及任务工单等教学资源，凡使用本书作为教材的教师，均可登录机械工业出版社教育服务网 www.cmpedu.com 注册免费领取，也可加 QQ：1006310850 咨询获取。

图书在版编目（CIP）数据

智能网联汽车环境感知技术／朱凯，吉文哲主编．

北京：机械工业出版社，2024.6（2025.8 重印）. -- ISBN 978-7-111-76256-0

Ⅰ. U463.67

中国国家版本馆 CIP 数据核字第 2024FH7539 号

机械工业出版社（北京市百万庄大街 22 号　邮政编码 100037）
策划编辑：于志伟　　　　　　责任编辑：于志伟
责任校对：张爱妮　陈　越　　封面设计：张　静
责任印制：单爱军
北京盛通数码印刷有限公司印刷
2025 年 8 月第 1 版第 2 次印刷
184mm×260mm·11.25 印张·278 千字
标准书号：ISBN 978-7-111-76256-0
定价：47.00 元

电话服务　　　　　　　　　　网络服务
客服电话：010-88361066　　　机 工 官 网：www.cmpbook.com
　　　　　010-88379833　　　机 工 官 博：weibo.com/cmp1952
　　　　　010-68326294　　　金 书 网：www.golden-book.com
封底无防伪标均为盗版　　　机工教育服务网：www.cmpedu.com

前　言

近年来，随着人工智能、物联网、5G 通信、边缘计算、数字孪生等新技术不断融合发展与创新应用，汽车产业迎来了电动化、智能化、网联化、共享化。"新四化"推动了全方位的产业变革，使汽车由传统的机械产品转变为移动出行服务的智能终端，即智能网联汽车。新技术、新概念和新设计，对实际教学也提出了更高的要求，编者结合智能网联汽车专业教学特点和职业教育规律，以现行智能网联汽车环境感知技术为基础编写了本书。

本书的编写特色包括：

1）注重学生素养的提升。本书在现有的汽车技术和教学任务中，融合了党的政策与方针、汽车产业升级、中国制造 2025 等元素，使学生增强民族自信、培养工匠精神，形成良好的遵纪守法的意识。

2）贯彻"做学合一"理念。本书适当淡化了自动驾驶算法、深度学习等理论性较强的教学内容，重点突出实践性，着重从定义、组成、原理、分类和实践应用方面入手，从产品功能角度逐一阐释智能网联汽车环境感知技术的功能及原理。理论知识与实践操作前后呼应、互相支撑，学生在学习过程中进一步加深对理论知识和智能网联汽车环境感知技术的掌握。

3）遵循认知规律。遵循教学规律和认知规律，按照"情景导入—理论知识—技能提升—学习小结—知识巩固"循序渐进开展教学，帮助学生构建知识体系，提升技能水平，提高学习效率。

本书以智能网联汽车环境感知技术基础为理论依据，采用理论知识和实践操作相结合的方法，着重对智能网联汽车环境感知技术进行阐述，详细介绍了智能网联汽车、视觉传感器、超声波雷达、毫米波雷达、激光雷达等内容，并对部分难以理解的内容结合实际案例进行了分析，还配备了教学课件、任务工单和课后习题等教学资源。

本书由朱凯和吉文哲担任主编，由张扬和陈玉华担任副主编，胡腾飞、王永、任琴、李腾和翟明新参与了编写。本书在编写的过程中，参阅了大量的技术资料和网络资源，在此对相关作者一并表示感谢！

由于编者水平有限，书中难免会有疏漏与不足之处，恳请广大读者朋友批评指正。

编　者

二维码清单

名称	图形	名称	图形
1.1　智能网联汽车的认知		5.1　激光雷达的基本认知	
1.2　智能网联汽车环境感知的认知		5.2　激光雷达的标定测试	
2.1　视觉传感器的基本认知		5.3　激光雷达的应用	
2.2　视觉传感器的标定测试		6.2　多传感器信息融合原理及算法	
2.3　视觉传感器的环境感知流程		6.3　典型智能网联汽车传感器融合方案及应用	
3.1　超声波雷达的基本认知		7.1　智能网联汽车 V2X 通信技术的基本认知	
3.2　超声波雷达的应用		7.2　智能网联汽车 V2X 通信技术的应用	

（续）

名称	图形	名称	图形
8.1　智能网联汽车定位技术		8.3　高精度地图	
8.2　智能网联汽车惯性导航系统			

目 录

项目一

智能网联汽车及环境感知技术基本认知

2022 年 1 月 6 日，国家智能网联汽车（长沙）测试区传来消息：通过两年多研究探索及对多款车型累计千余次测试验证，在全国率先推出一套基于危险场景和特殊气象环境的智能汽车测评体系——国家智能网联汽车（长沙）测试区智能汽车信心度测评。测评是指车辆开启智能驾驶功能后，驾驶人对智能驾驶系统的信任程度，旨在体现智能网联汽车在实际使用环境下的智能驾驶功能水平。目前，国家智能网联汽车（长沙）测试区已建成模拟雨、雾、尘、光等天气环境的测试系统，并基于现有测试标准规范，结合实际车辆使用过程中的危险和事故场景，融入天气环境干扰因素，以"场景暴露度"和"危害程度"作为评分权重关键指标，对测试车辆进行测评。

首期测评场景融入了雨、雾、强光、扬尘等气象环境，推出了雨天、雾天、强光、扬尘、物品跌落和飞溅场景等。该测试区运营负责人介绍，测评场景的综合得分率将作为评价等级划分的基础，评价结果最低为一星，最高为五星，帮助进一步提升智能汽车安全性。据悉，首批测评车辆将在保证品牌覆盖度的基础上，挑选销量好、市场保有量高、智能驾驶功能齐全的多款车型进行测评。

智能网联汽车是未来汽车发展的必然趋势，本项目主要介绍智能网联汽车相关的基础知识以及智能网联汽车环境感知相关内容。

【学习目标】

知识目标	技能目标	素养目标
1. 掌握智能网联汽车的定义 2. 掌握自主式智能汽车和网联化汽车的技术路线 3. 掌握智能网联汽车自动化驾驶分级以及网联化分级 4. 掌握智能网联汽车的层次结构和技术构架	1. 掌握智能网联汽车在驾驶安全、节能环保、商务办公和信息娱乐方面的应用 2. 掌握智能网联汽车环境感知技术的应用	1. 扩展学生的智能网联汽车知识面，培养学生的自主学习能力 2. 培养学生团队协作意识

【理论知识】

一、智能网联汽车

1. 智能网联汽车的定义

智能网联汽车（Intelligent Connected Vehicle，ICV），是指智能汽车和网联汽车高度发展后的结合体，如图 1-1 所示。

当车辆沿着智能化方向发展时，最终会发展为自主式智能汽车（Autonomous Vehicle，AV）。该技术主要是通过车辆自身传感器（摄像头、雷达等）代替驾驶人去感知车辆行驶环境，并将感知结果给到决策系统，决策系统会做出相应决策使车辆智能化驾驶，其技术路线如图 1-2 所示。

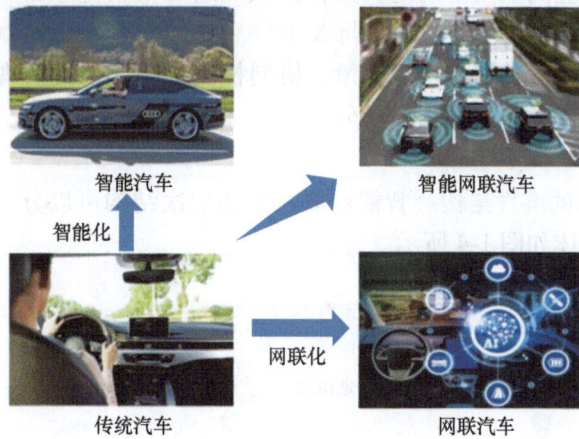

图 1-1　智能汽车发展方向

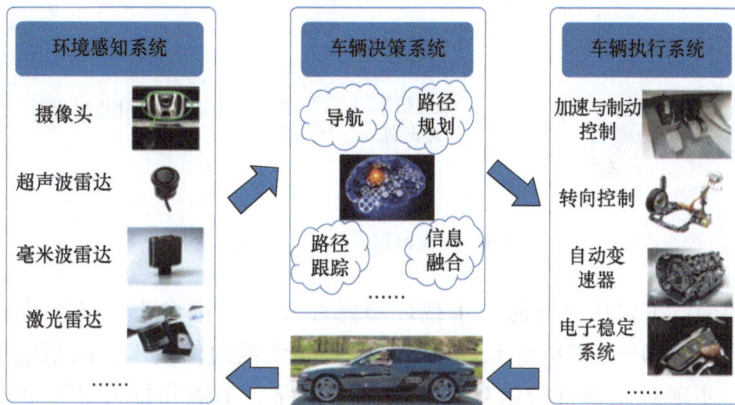

图 1-2　自主式智能汽车

当车辆沿着网联化方向发展时，最终会发展为网联式智能汽车（Connected Vehicle，CV）。该技术主要通过车载传感器、控制器和执行器，并融合现代网络通信技术，使车辆智能化驾驶，其技术路线如图 1-3 所示。

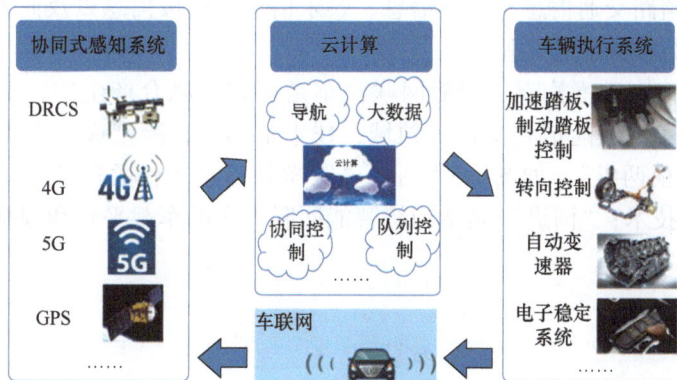

图 1-3　网联式智能汽车

综上，可以得出智能网联汽车的定义为：搭载先进的车载传感器、控制器和执行器等装置，并融合现代通信与网络技术，实现车与 X（车、路、行人、云等）（V2X）的信息智能交换、共享，且具备复杂环境感知、智能决策、协同控制等功能，可实现车辆安全、高效、舒适、节能行驶，最终可实现无人驾驶的汽车。

2. 智能网联汽车的体系构成

（1）智能网联汽车的层次结构　智能网联汽车的层次结构可以分为环境感知层、智能决策层和控制执行层，具体如图 1-4 所示。

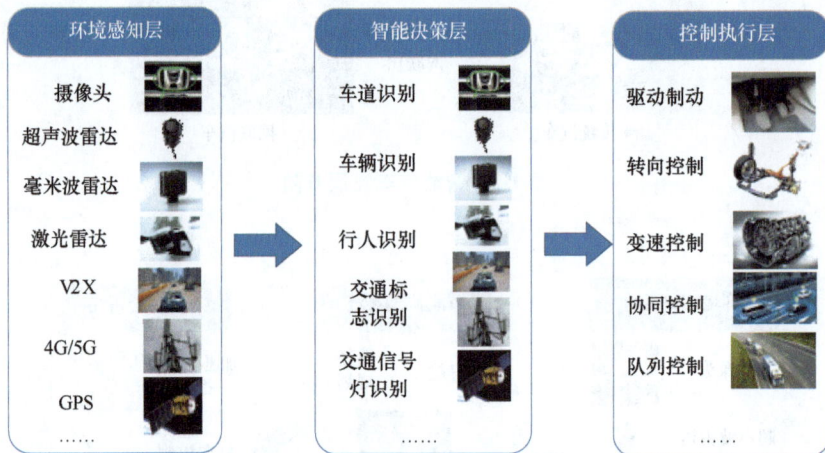

图 1-4　智能网联汽车的层次结构

1）环境感知层：主要功能是通过车载环境感知技术（摄像头、毫米波雷达、激光雷达等）、卫星定位技术（GPS、BDS 等）、4G/5G 及 V2X 无线通信技术、高精度地图、惯性导航系统（INS）等，实现对车辆自身信息和其他（如道路、车辆和行人等）静态、动态信息的提取和收集，并向智能决策层输送信息。

2）智能决策层：主要功能是接收环境感知层的信息并进行融合，对道路、车辆、行人、交通标志和交通信号等进行识别，决策分析和判断车辆驾驶模式和将要执行的操作，并向控制和执行层输送指令。

3）控制执行层：主要功能是按照智能决策层的指令，对车辆进行操作和协同控制，并为智能网联汽车提供道路交通信息、安全信息、娱乐信息、救援信息以及商务办公、网上消费等，保障汽车安全行驶和舒适驾驶。

（2）智能网联汽车技术构架　智能网联汽车是多领域融合产生的，不仅涉及汽车工业本身，同时还结合了网络通信和交通等领域，技术范围广，跨度大。智能网联汽车的技术构架可划分为"三横两纵"，如图 1-5 所示。"三横"是指车辆关键技术、信息交互关键技术和基础支撑关键技术；"两纵"是指围绕智能网联汽车的车载平台和围绕道路环境的基础设施。

二、环境感知技术

1. 智能网联汽车环境感知的定义

智能网联汽车的环境感知是指智能网联汽车对环境信息和车内信息的采集、处理和分析，是智能网联汽车自动驾驶的基础和前提。在图 1-5 所示的智能网联汽车"三纵两横"的技术构架中可以明显看出，环境感知技术是其他自动驾驶技术的基础，是智能网联汽车实现自动驾驶的第一步。

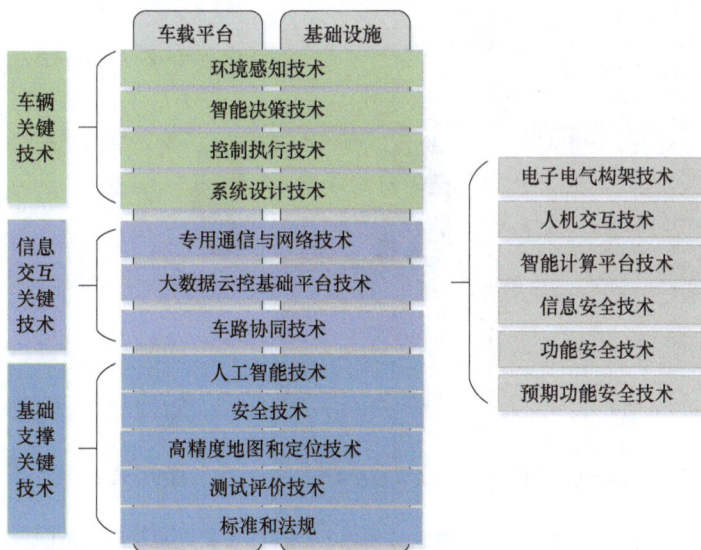

图 1-5　智能网联汽车技术构架

2. 智能网联汽车环境感知的对象

智能网联汽车环境感知的对象主要是指通过智能传感器（摄像头、超声波雷达、毫米波雷达、激光雷达等）和环境感知技术（V2X、卫星定位导航、惯性导航技术、高精度地图等）获取的车辆驾驶环境信息，包括驾驶环境、驾驶人及车辆驾驶状态、车辆行驶路径以及车辆周围的交通参与者等。

（1）**驾驶环境**　驾驶环境主要包括行驶道路状况（路面附着系数、坡度、车道宽度、曲率等）、道路交通信息以及天气状态等。

（2）**驾驶状态**　驾驶状态主要分为驾驶人状态和车辆驾驶状态。其中，驾驶人状态主要指驾驶人自身的状态，比较典型的是监测驾驶人的连续驾驶时间或驾驶人的违规操作（如行车时接打电话等操作），主要用于警示驾驶人安全驾驶。另外，车辆驾驶状态包括自车驾驶状态和周车驾驶状态，周车驾驶状态主要包括周车的加减速、转向和车速等信息。

（3）**行驶路径**　车辆行驶路径分为结构化道路内的行驶路径和非结构化道路内的行驶路径。其中，结构化道路内的行驶路径感知对象主要包括车道边界线和车道线，非结构化道路的行驶路径感知对象主要为车辆的可行驶区域。

（4）**车辆周围的交通参与者**　车辆周围的交通参与者主要包括周围行驶的其他车辆、行人、骑行者以及周围可能对车辆行驶造成影响的各种静态、动态障碍物。

3. 智能网联汽车环境感知传感器

智能网联汽车环境感知传感器主要包括摄像头、超声波雷达、毫米波雷达和激光雷达。图 1-6 所示为国内智能网联汽车环境感知传感器经典的布置方案及感知范围示意图。

目前，除特斯拉汽车以视觉传感器为核心传感器进行环境感知外，国内外大部分智能网联汽车环境感知传感器的主流布置方案是：安装多种环境感知传感器，以毫米波雷达和

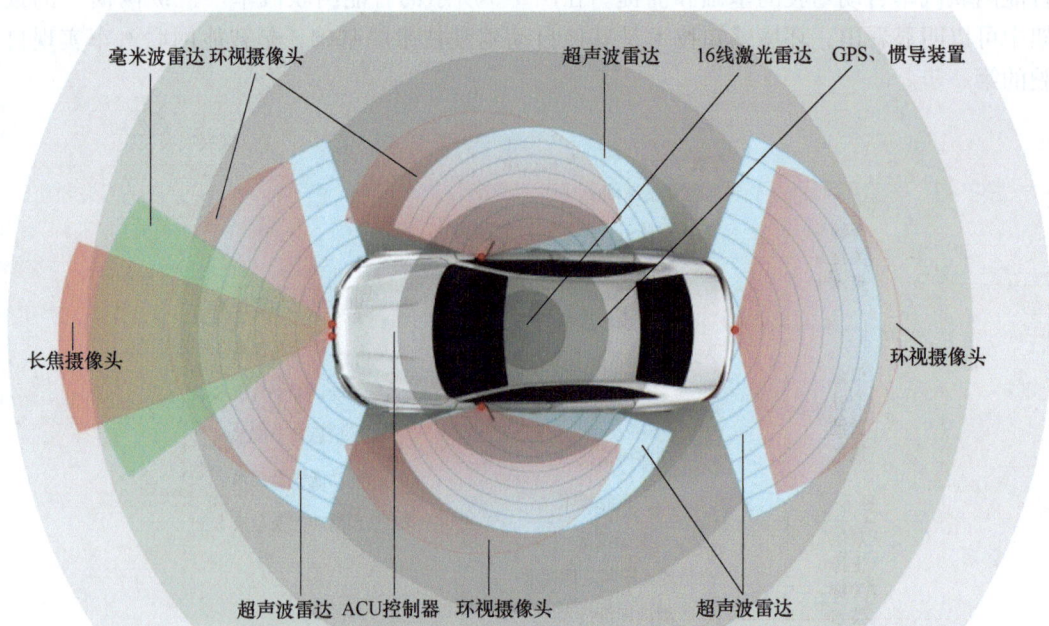

毫米波雷达 环视摄像头　　　　　　　　超声波雷达　16线激光雷达　GPS、惯导装置

长焦摄像头

环视摄像头

超声波雷达　ACU控制器　环视摄像头　　　　　　超声波雷达

图 1-6　国内智能网联汽车环境感知传感器经典的布置方案及感知范围示意图

激光雷达为核心传感器的多传感器融合的技术路线，并且随着技术进步与成本的逐步下降，未来激光雷达或将成为智能驾驶最主要的传感器。如图 1-6 所示，该方案中不同环境感知传感器的安装位置及探测距离各不相同。例如，普通摄像头主要进行短距离的目标监测，多用于特征感知和交通检测，具体如驾驶人疲劳检测、行人识别、自动泊车等；超声波雷达也主要用于短距离感知，最常用的是泊车辅助或自动泊车；毫米波雷达是目前智能网联汽车先进驾驶辅助系统的核心传感器，且环境抗干扰能力强，多用于目标检测，具体应用的功能有自动紧急制动、自适应巡航、碰撞预警等，根据探测距离的远近，毫米波雷达可以分为短程、中程和远程三种类型；激光雷达目前是四类传感器中最昂贵的传感器，其主要应用在 L3 级及以上的自动驾驶中，主要的用途是三维环境建模和目标检测，提高智能网联汽车的安全冗余性。

4. 智能网联汽车环境感知技术

智能网联汽车环境感知技术主要包括 V2X 通信技术（V2V、V2P、V2I 和 V2N）、卫星定位导航技术（GPS、BDS 等）、惯性导航技术以及高精度地图等。

智能网联汽车通过四类传感器可以实现智能驾驶的环境感知，但是智能网联汽车是一种对安全要求极高的工业产品，因此智能网联汽车必须具备一定的安全冗余性。环境感知是智能网联汽车智能驾驶的基础和前提，单靠四类环境感知传感器远达不到安全冗余的要求。假如在某些驾驶场景中，传感器若因环境干扰或自身原因失效，原有依靠这些传感器的智能驾驶功能将全部失效，若没有作为安全冗余补充的传感器感知技术代替传感器感知驾驶环境等，智能网联汽车将有较大的安全隐患或直接引发事故。因此，智能网联汽车环境感知技术是智能驾驶必不可少的一部分。

图 1-7 所示为智能网联汽车环境感知技术常见的应用场景：复杂交叉路口。

智能网联汽车在十字路口驾驶场景中，不仅可以利用自身所搭载的环境传感器感知周围

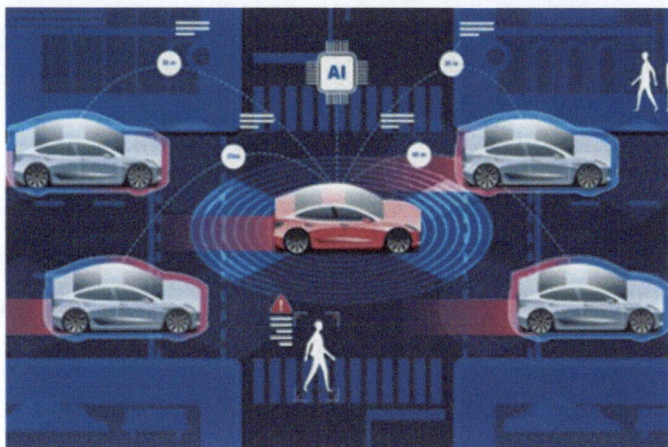

图1-7 智能网联汽车复杂交叉路口驾驶场景

的驾驶环境，同时还可以利用搭载的环境感知技术（V2X等）获取周围的驾驶环境信息。智能网联汽车通过自身传感器感知的环境信息，再结合通过环境感知技术获取的信息，两种渠道获取的信息相互补充或验证，进一步提高环境感知的准确性，提高智能网联汽车智能驾驶安全性。

【技能提升】

智能网联汽车与传统汽车相比较，在驾驶安全、节能环保、商务办公及信息娱乐服务等方面有着广泛的应用。

1. 节能环保方面的应用

智能网联汽车在节能环保方面的应用是，通过搭载的环境感知传感器、V2X、高精度地图等技术，提前规划好车辆的经济驾驶路径及驾驶策略，减少车辆频繁的加减速等，最终实现智能网联汽车节能环保行驶。

2. 驾驶安全方面的应用

安全性是对智能网联汽车最基本也是最重要的要求。在驾驶安全方面，智能网联汽车主要是通过环境感知技术、无线通信技术、网络技术以及高精度定位技术等，对诸如交叉路口辅助驾驶、道路危险预警、碰撞预警等危险驾驶场景进行信息提醒或主动干预，从而减少交通事故，提高行车安全性。

图1-8所示为智能网联汽车驾驶安全应用的典型场景。该驾驶场景为复杂十字路口，在此场景中，驾驶人要关注和处理的数据量较大（周围车辆、行人、信号灯等），且驾驶人视野存在盲区，因此有较大的驾驶安全隐患。但是对于这些安全隐患，智能网联汽车都可以轻松应对，如通过V2X通信技术获取周围环境信息，并利用先进驾驶辅助系统辅助驾驶，减轻驾驶人驾驶负担，防止误操作，提高行车安全性。

3. 商务办公方面的应用

智能网联汽车可以让人们在行进的汽车内随时随地进行购物和支付，应用场景包括网上商场、快餐店、加油站及停车场等。同时，智能网联汽车可以利用无线通信技术和网络技术开展文件传输、视频对话、会议交流等，变成移动的办公室，如图1-9所示。

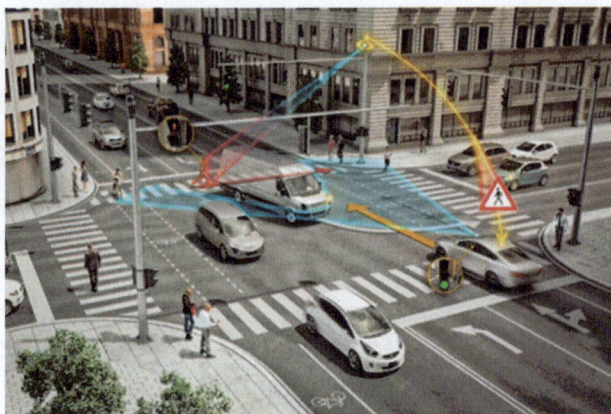

图 1-8　智能网联汽车驾驶安全应用的典型场景

图 1-9　移动办公室

4. 信息娱乐服务方面的应用

智能网联汽车可以为驾驶人提供各种信息、娱乐和预约等服务。例如，智能网联汽车可以为驾乘人员提供车辆信息、交通信息、导航信息、活动信息、旅游信息等信息服务；也可以提供音乐、电影、游戏等娱乐信息；同时，也可以提供机票预约、餐厅预约、住宿预约的服务；另外，还可以提供各种应急服务，如消防、救护、道路救援等。

【学习小结】

1. 智能网联汽车是指搭载先进的车载传感器、控制器和执行器等装置，并融合现代通信与网络技术，实现车与 X（车、路、行人、云等）（V2X）的信息智能交换、共享，且具备复杂环境感知、智能决策、协同控制等功能，可实现车辆安全、高效、舒适、节能行驶，最终可实现无人驾驶的汽车。

2. 智能网联汽车的层次结构可以分为环境感知层、智能决策层和控制执行层。

3. 智能网联汽车的技术构架可划分为"三横两纵"。"三横"是指车辆关键技术、信息交互关键技术和基础支撑关键技术；"两纵"是指围绕智能网联汽车的车载平台和围绕道路环境的基础设施。

4. 智能网联汽车的环境感知是指智能网联汽车对环境信息和车内信息的采集、处理和分析，是智能网联汽车自动驾驶的基础和前提。

5. 智能网联汽车环境感知的对象主要包括驾驶环境、驾驶人及车辆驾驶状态、车辆行驶路径以及车辆周围的交通参与者等。

6. 智能网联汽车环境感知传感器主要包括摄像头、超声波雷达、毫米波雷达和激光雷达。

7. 智能网联汽车环境感知技术主要包括 V2X 通信技术（V2V、V2P、V2I 和 V2N）、卫星定位导航技术（GPS、BDS 等）、惯性导航技术以及高精度地图等。

【知识巩固】

一、填空题

1. 智能网联汽车技术分级可以从_____和_____两方面来划分。

2. 智能网联汽车的层次结构可以分为_____、_____和_____。

3. 智能网联汽车在驾驶安全、节能环保、_____及_____等方面有着广泛的应用。

4. 智能网联汽车环境感知的对象主要包括_____、_____、_____以及_____。

5. 智能网联汽车环境感知传感器主要包括_____、_____、_____和_____。

6. 智能网联汽车环境感知技术主要包括_____、_____、_____以及_____等。

二、选择题

1. 智能网联汽车的英文缩写是（　　　）。

A. ICV　　　　　　　　B. CV　　　　　　　　C. CIV　　　　　　　　D. IV

2. 环境感知传感器中的激光雷达主要应用在第（　　　）级及以上的自动驾驶技术中。

A. L1　　　　　　　　B. L2　　　　　　　　C. L3　　　　　　　　D. L4

三、简答题

1. 简述智能网联汽车的定义。

2. 智能网联汽车根据层次划分可以分为哪几个层次？

3. 简述智能网联汽车环境感知传感器与环境感知技术的关系。

项目二

视觉传感器标定与测试

　　智能网联汽车上的各种安全辅助驾驶帮助驾驶人减轻驾驶负担，并提高行车安全性。其中，辅助泊车功能（倒车影像、360°全景泊车等）更是新手驾驶人的福音，该功能可以为驾驶人提供无盲区的泊车视野，在降低驾驶人泊车难度的同时提高泊车的安全性。智能网联汽车辅助泊车功能的核心传感器是视觉传感器，但是在实际使用过程中难以保证传感器及其算法100%可靠。例如摄像头故障问题：有车主反馈，倒车时车内显示器显示摄像头故障、无倒车影像画面，且下车检查摄像头并无损坏，之后重启几次车辆后倒车影像恢复正常。

　　问题的原因就是摄像头软件问题，可能导致倒车影像不可见，会增加行车风险。其解决措施就是升级摄像头软件，调整软件设置参数、修复软件。

　　从以上案例可以看出，视觉传感器是智能网联汽车智能辅助驾驶必不可少的传感器，其性能的好坏将直接影响智能网联汽车智能化的优劣以及行车安全性的高低。本项目将主要介绍视觉传感器的基本知识、标定测试以及视觉传感器的环境感知流程内容，帮助学生更好地了解智能网联汽车的视觉传感器及其该类传感器的重要性。

任务一　视觉传感器的标定测试

【任务描述】

　　视觉传感器（摄像头）是智能网联汽车自动驾驶不可或缺的环境感知传感器之一。本任务从智能网联汽车视觉传感器（摄像头）的定义、组成、分类、特点、技术参数和标定方法等方面来介绍视觉传感器的相关知识。

【学习目标】

知识目标	技能目标	素养目标
1. 掌握智能网联汽车视觉传感器的定义、组成和分类 2. 掌握智能网联汽车视觉传感器的特点 3. 掌握智能网联汽车视觉传感器的技术参数 4. 掌握智能网联汽车视觉传感器的标定原理及内容	1. 能够根据智能网联汽车视觉传感器的基本知识分辨汽车上不同摄像头的功能和用途 2. 能够根据视觉传感器的技术参数，理解各技术参数之间的联系 3. 学会对视觉传感器进行棋盘格标定	1. 培养学生团队协作的意识 2. 培养学生工作的严谨性

一、视觉传感器的基本知识

1. 视觉传感器的定义

视觉传感器是指通过对摄像头拍摄到的图像进行图像处理，来计算对象物的特征量（面积、重心、长度、位置等），并输出数据和判断结果的传感器。视觉传感器是整个机器视觉系统信息的直接来源，主要由一个或者两个图形传感器组成，有时还要配以光投射器及其他辅助设备。视觉传感器（图2-1）的主要功能是获取足够的机器视觉系统要处理的原始图像。

在智能网联汽车的应用上，视觉传感器主要以摄像头的形式出现，并且此类摄像头搭载有先进的人工智能算法，可实现目标检测、图像处理和疲劳监测等功能，如图2-2所示。

图2-1　视觉传感器

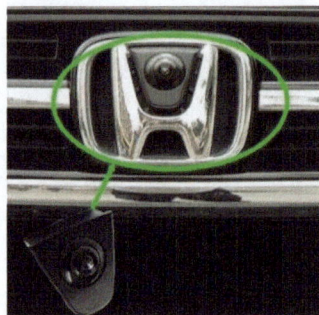

图2-2　车载摄像头

2. 视觉传感器的组成

视觉传感器主要由光源、镜头、感光传感器、模-数转换器、图像处理器和图像存储器等组成，通过视觉传感器可获得视觉处理系统所需的原始图像，如图2-3所示。

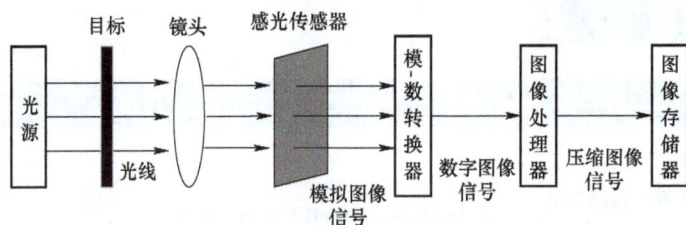

图2-3　视觉传感器的组成

在视觉传感器中，最主要的组成部分就是感光传感器，也就是常说的感光芯片。目前，最常见的视觉传感器感光芯片有CCD（Charge Couple Device，电耦合器件）和CMOS（Complementary Metal Oxide Semiconductor，互补金属氧化半导体）两类，如图2-4所示。

CCD传感器的成像原理是：感光元器件收到光照后，感光元器件会生成对应的电流，电流大小与光强度对应，因此感光元器件输出的电信号是模拟信号。在CCD感光元器件中，每一个感光元器件都不对此电流做处理，而是将它直接输出到垂直寄存器，传到水平寄存器中，

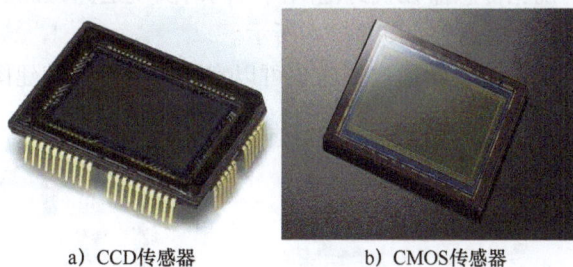

a) CCD传感器   b) CMOS传感器

图 2-4 图像传感器

然后才能统一输出。另外，CCD 的像素数目越多，单一像素尺寸越大，收集记录的图像就会越清晰。

    CMOS 元器件的成像原理是：利用硅和锗两种元素做成的半导体，通过 CMOS 传感器上带负电和带正电的晶体管来实现基本功能，这两个互补效应所产生的电流即可被处理芯片记录和解读成图像。

    CMOS 传感器在每个像素单元中，除感光部件外，还有放大器和读出电路部分，整个 CMOS 传感器还集成了寻址电路、放大器和 A/D。由于每个像素单元都集成了一个放大器，就会造成很多噪声的形成，进而导致成像质量的下降。CCD 传感器会将像素电荷数据依次传输，最后统一输出，保证数据传输时不会丢失而失真，成像质量高。

    目前，由于 CMOS 传感器具有低能耗、体积小且成本低等优点，除专业相机使用 CCD 传感器外，大部分带摄像头的设备都使用 CMOS 传感器。智能网联汽车视觉传感器的感光芯片多为 CMOS 传感器。

3. 视觉传感器的特点

    视觉传感器的普遍特点主要包括信息量丰富、可实现多任务检测、视觉 SLAM、实时性好、能融合机器学习和深度学习等算法。

（1）信息量极为丰富 视觉传感器采集的信息不仅包含有视野内物体的距离信息，而且还有该物体的颜色、纹理、深度和形状等信息。图 2-5 所示为摄像头的交通纠违应用。

图 2-5 摄像头的交通纠违应用

13

（2）**多任务检测**　视觉传感器在视野范围内可同时实现道路检测、车辆检测、行人检测、交通标志检测和交通信号灯检测等，如图 2-6 所示。

（3）**视觉 SLAM**　视觉传感器通过摄像头可以实现同时定位和建图，如图 2-7 所示。

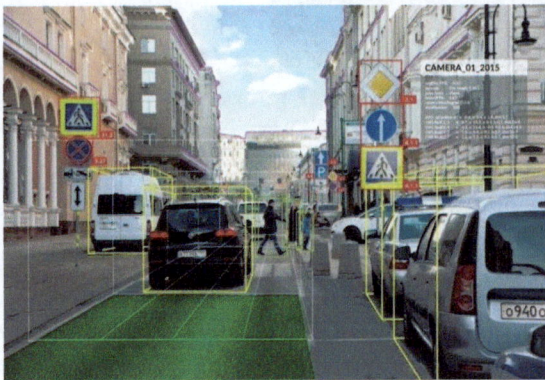

图 2-6　摄像头的多任务检测

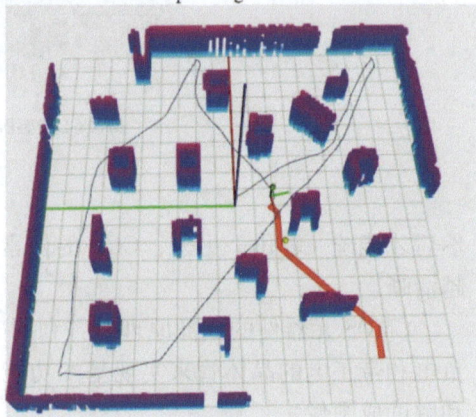

图 2-7　摄像头的视觉 SLAM

（4）**实时获取场景信息**　视觉传感器提供的信息不依赖于先验知识（比如 GPS 导航依赖地图信息），有较强适应环境的能力。

（5）**视觉传感器可以与机器学习和深度学习等融合，提高检测效果**　以上所述为视觉传感器的基本特点，对于智能网联汽车来说，车辆行驶环境复杂多变，传感器常处于不同的场景中工作。出于安全性的考虑，智能网联汽车对视觉传感器提出更高的要求。

4. 视觉传感器的分类

智能网联汽车车载视觉传感器可以根据摄像头的安装位置和数目进行分类。

（1）**根据安装位置分类**　根据摄像头在智能网联汽车上的安装位置分类，摄像头可以分为前视摄像头、环视摄像头、后视摄像头、侧视摄像头以及内置摄像头五种类别。其中，前视摄像头价格相对较高，主要用于防撞预警、车道偏离预警、交通标志识别等，价格处在 300~500 元水平；其余摄像头价格在 150~200 元，环视摄像头用于全景泊车，后视摄像头用于倒车影像，侧视摄像头用于盲点监测，内置摄像头用于疲劳提醒，具体见表 2-1。

表 2-1　视觉传感器根据摄像头安装位置的分类

安装部位	类别	功能	描述	价格
前视	单目/双目	前车防撞预警、车道偏离预警、交通标志识别、行人碰撞预警等	安装在前风窗玻璃上，视角 45° 左右；双目摄像头有更好的测距功能，但价格比单目贵约 50%	300~500 元
环视	广角	全景泊车	车辆四周装配 4~8 个摄像头进行图像拼接，以实现全景，配合智能算法还可实现道路感知	单个 150~200 元
后视	广角	倒车影像	安装在行李舱上，实现泊车辅助	150~200 元

（续）

安装部位	类别	功能	描述	价格
侧视	普通视角	盲点监测	安装在后视镜下方部位，一般盲点监测多用超声波雷达，现也有车辆使用摄像头替代	单个 150~200 元
内置	广角	疲劳提醒	安装在车内后视镜处，监测驾驶人的驾驶状态	150~200 元

（2）根据摄像头数目分类　根据摄像头的数目分类，摄像头可以分为单目摄像头、双目摄像头和多目摄像头，如图 2-8 所示。单双目镜头都是通过摄像头采集的图像数据获取距离信息，在智能网联汽车车载前视摄像头中发挥重要作用。单目视觉传感器通过图像匹配后再根据目标大小计算距离，而双目视觉传感器是通过对两个摄像头的两幅图像视差的计算来测距，因此双目摄像头的精度更高、测度更为精准、成本也相对较高，主要搭载于高端车型上。多目摄像头是通过多个不同的摄像头相互配合覆盖不同范围的场景，能够更精准识别和分析环境，目前只应用在部分厂商的个别车型上。

a) 单目摄像头　　　　b) 双目摄像头　　　　c) 多目摄像头

图 2-8　视觉传感器（按摄像头数目分类）

表 2-2 所示为智能网联汽车车载摄像头按摄像头数目分类的优缺点对比。从目前智能网联汽车实车摄像头搭载情况来看，单目摄像头由于成本较低，与毫米波雷达、超声波雷达配合使用能满足 L3 以下级别需求，短期内单目摄像头为车载摄像头的主流方案。

表 2-2　摄像头的优缺点对比（按摄像头数目分类）

分类	工作原理	优点	缺点
单目摄像头	先识别再估算距离	技术成熟、成本较低、量产化容易，结构相对简单，对计算要求不高	依赖样本数据库，数据库更新和维护难度大；无法对非标准障碍物进行准确识别；识别率和准确率较低
双目摄像头	先测算距离再识别	没有识别率限制，精确度高；无须维护样本数据库	计算量大，对系统的性能要求高；立体算法匹配难度大
多目摄像头		立体视觉、三维成像、视角范围大	硬件成本较高，算法要求和难度高；对摄像头之间的安装精度要求高

5. 视觉传感器的技术参数

视觉传感器的技术参数主要分为图像传感器技术参数和摄像头技术参数。

（1）**图像传感器技术参数**　图像传感器的技术参数主要有像素、帧率、靶面尺寸、感光度和信噪比等。

1）像素：像素是图像传感器的感光最小单位，即构成影像的最小单位。像素的多少是由CCD/CMOS传感器上的光敏元件数目所决定的，一个光敏元件就对应一个像素。因此，像素越大，意味着光敏元件越多，相应的成本就越大。像素用两个数字来表示，如720×480，720表示在图像长度方向上所含的像素点数，480表示在图像宽度方向上所含的像素点数，两者的乘积就是该相机的像素数。

2）帧率：帧率代表单位时间所记录或播放的图片的数量，高的帧率可以得到更流畅、更逼真的视觉体验。一般情况下，当帧率大于15幅/s时，人眼就看不出图片跳跃；帧率大于30幅/s左右时，人眼基本感觉不到闪烁。

3）靶面尺寸：靶面尺寸就是图像传感器感光部分的大小。一般用in来表示，通常，这个数据指的是这个图像传感器的对角线长度，如常见的有1/3in（1in=2.54cm），靶面越大，意味着通光量越好，而靶面越小，则比较容易获得更大的景深。

4）感光度：感光度代表入射光线的强弱。感光度越高，感光面对光的敏感度就越强，快门速度就越高。

5）信噪比：信噪比是信号电压对于噪声电压的比值，典型值为45~55dB，信噪比越大说明对噪声的控制越好。

（2）**摄像头技术参数**　摄像头技术参数主要有焦距、视场角、图像尺寸和镜头畸变等。

1）焦距：焦距是指镜头光学中心到感光元件的距离，如图2-9所示。

2）视场角：视场角指一个光学系统所能成像的角度范围。角度越大，则这个光学系统所能成像的范围越宽，反之则越窄，如图2-10所示。

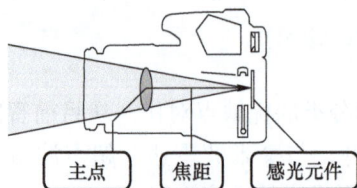

图2-9　摄像头焦距

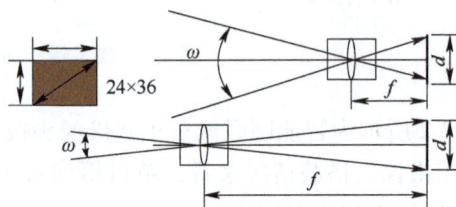

图2-10　摄像头视场角示意图

3）图像尺寸：图像尺寸指构成图像的长度和宽度，多以像素作为单位。图像尺寸与分辨率有关，分辨率指的是单位长度中所表达的像素数目。图像分辨率越高，像素密度越大，图像越清晰。图像尺寸、图像像素和分辨率之间有以下关系：

①同一像素下，图像尺寸越小，分辨率越大，图像越清晰，这就是为什么在放大图片时，图片显示越来越模糊的原因。

②分辨率取决于图像尺寸和像素，像素越高且图像尺寸越小，分辨率越高，图像越清晰。

4）镜头畸变：镜头畸变指透镜由于制造精度以及组装工艺的偏差会引入畸变，导致原始图像的失真。镜头的畸变分为径向畸变和切向畸变两类。

①径向畸变：径向畸变指沿着透镜半径方向分布的畸变，产生原因是光线在透镜中心的地方比靠近中心的地方更加弯曲，这种畸变在普通廉价的镜头中表现更加明显，径向畸变主要包括桶形畸变和枕形畸变两种。枕形和桶形畸变示意图如图2-11所示。

②切向畸变：切向畸变是由于透镜本身与相机传感器平面（成像平面）或图像平面不平

行而产生的，这种情况多是由于透镜被粘贴到镜头模组上的安装偏差导致的。

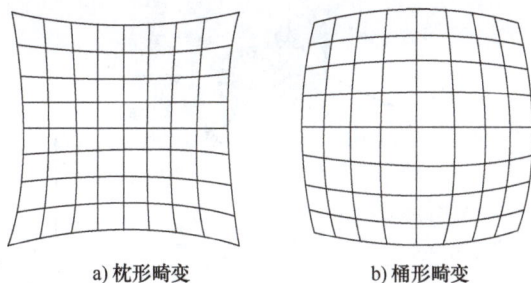

a) 枕形畸变   b) 桶形畸变

图 2-11 径向畸变示意图

二、视觉传感器的标定测试

1. 视觉传感器的标定内容

视觉传感器的标定包括内部参数标定和外部参数标定。其中，内部参数标定主要包括视觉传感器像素、焦距、图像原点、畸变标定等。视觉传感器内部参数标定一般都是在生产过程中完成的。智能网联汽车视觉传感器外部参数标定通常是指物距和角度等参数的标定，即视觉传感器的坐标系相对于世界坐标系的标定，如图 2-12 所示。

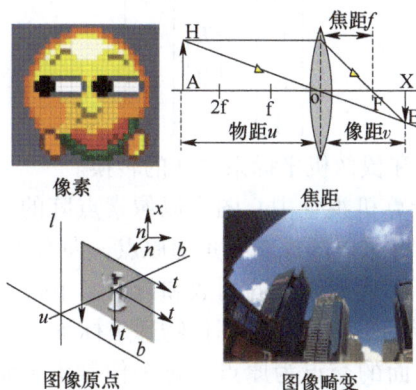

像素   焦距

图像原点   图像畸变

图 2-12 视觉传感器的标定内容

2. 视觉传感器的标定原理

在图像检测过程中，为确定空间物体表面某点的三维几何位置在图像中对应点的位置，就需要建立视觉传感器成像的几何模型。这些几何模型的参数就是视觉传感器的参数，求解参数的过程就是视觉传感器的标定过程。为方便推导理解，可以将问题分解为摄像头坐标转换、像素坐标系转换和小孔成像坐标转换。

（1）摄像头坐标转换 通常情况下，将镜头中心设为摄像头的坐标原点，但是在实际使用过程中，摄像头的原点与实际环境的原点并不重合，因此，需要坐标转换。如图 2-13 所示，摄像头在空间中有一个位置，因此，可以建立环境坐标系与摄像机坐标系之间的关系，$[R, T]$。其中，T 为摄像机坐标系原点相对于环境坐标系原点的平移，R 为摄像机坐标系相对于环境坐标系的旋转矩阵。

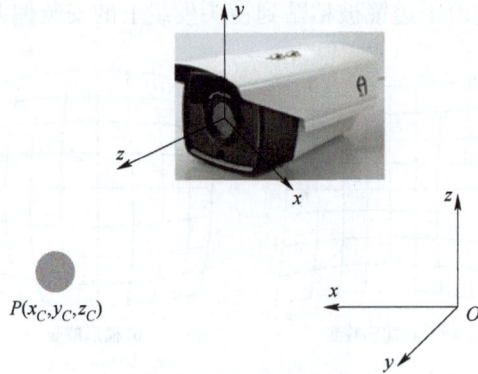

图 2-13　摄像头坐标转换示意图

因此，空间中的点 P 在摄像机坐标系中的坐标可通过以下公式求解：

$$\begin{bmatrix} x_C \\ y_C \\ z_C \\ 1 \end{bmatrix} = \boldsymbol{R} \begin{bmatrix} x_W \\ y_W \\ z_W \\ 1 \end{bmatrix} + T$$

对上述公式进行转换，得到

$$\begin{bmatrix} x_C \\ y_C \\ z_C \\ 1 \end{bmatrix} = \begin{bmatrix} R \\ 0 \end{bmatrix} \begin{bmatrix} x_W \\ y_W \\ z_W \\ 1 \end{bmatrix}$$

最终，建立了环境坐标系和摄像机坐标系之间的转换。

（2）像素坐标系转换　计算机视觉中，图像以像素点阵的方式储存，每个像素对应点阵中的一行与一列。图像像素坐标系以图像左上角为原点，向右为 u 坐标轴，向下为 v 坐标轴。

图像像素坐标系 (u, v) 仅代表像素的列数和行数，不带有物理单位，而空间坐标点必须带有物理单位（如 m、mm 等），因此引入图像物理坐标系，如图 2-14 所示。

定义摄像头光轴与图像平面的交点为原点。每个像素沿 x 轴的实际物理尺寸大小是 dx，沿 y 轴的实际物理尺寸大小是 dy，在不考虑图像畸变的情况下，物理坐标系下的点 (x, y) 在图像坐标系下的坐标可通过以下公式计算

$$\begin{cases} u = \dfrac{x}{dx} + u_0 \\ v = \dfrac{y}{dy} + v_0 \end{cases}$$

$$\begin{bmatrix} u \\ v \\ 1 \end{bmatrix} = \begin{bmatrix} \dfrac{1}{dx} & 0 & u_0 \\ 0 & \dfrac{1}{dy} & v_0 \\ 0 & 0 & 1 \end{bmatrix} \begin{bmatrix} x \\ y \\ 1 \end{bmatrix}$$

（3）小孔成像坐标转换　摄像头成像的理论基础是小孔成像。对于物体 P，在相机坐标系下的坐标为 X_C、Y_C、Z_C，从图 2-15 中可看出构成两个相似三角形。

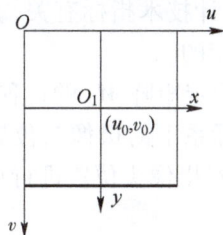

图 2-14　图像物理坐标系

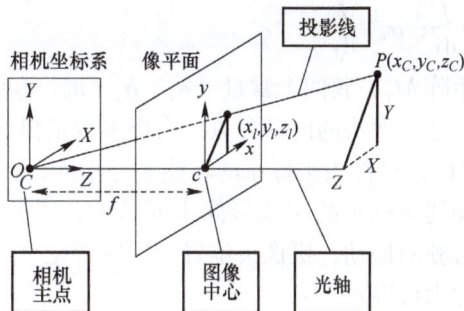

图 2-15　小孔成像原理示意图

根据三角形相似原理，可得到以下关系为

$$\frac{x_l}{x_C}=\frac{y_l}{y_C}=\frac{f}{z_C}$$

由上式可推导得

$$\begin{cases} x_l=\dfrac{1}{z_C}fx_C \\ \\ y_l=\dfrac{1}{z_C}fy_C \end{cases}$$

令 $s=z_C$，可得

$$s\begin{bmatrix} x_l \\ y_l \\ 1 \end{bmatrix}=\begin{bmatrix} f & 0 & 0 & 0 \\ 0 & f & 0 & 0 \\ 0 & 0 & 1 & 0 \end{bmatrix}\begin{bmatrix} x_C \\ y_C \\ z_C \\ 1 \end{bmatrix}$$

最终，推导得到摄像头坐标与图像物理坐标之间的关系，如图 2-16 所示。

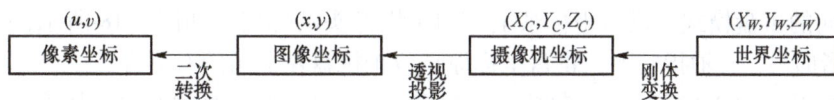

图 2-16　视觉传感器标定的坐标转换过程

将上述三部分的坐标推导结合起来，对于显示环境中的 P 点，假设其在世界坐标系下的坐标为 $(x_W,\ y_W,\ z_W)$，在图像坐标系下的位置为 $(u,\ v)$，由坐标转换关系推导可得两者的关系为

$$s\begin{bmatrix} u \\ v \\ 1 \end{bmatrix}=\begin{bmatrix} \dfrac{1}{\mathrm{d}x} & 0 & u_0 \\ 0 & \dfrac{1}{\mathrm{d}y} & v_0 \\ 0 & 0 & 1 \end{bmatrix}\begin{bmatrix} f & 0 & 0 & 0 \\ 0 & f & 0 & 0 \\ 0 & 0 & 1 & 0 \end{bmatrix}\begin{bmatrix} R & T \\ 0 & 1 \end{bmatrix}\begin{bmatrix} x_W \\ y_W \\ z_W \\ 1 \end{bmatrix}$$

$$=\begin{bmatrix} \alpha_x & 0 & u_0 & 0 \\ 0 & \alpha_y & v_0 & 0 \\ 0 & 0 & 1 & 0 \end{bmatrix}\begin{bmatrix} R & T \\ 0 & 1 \end{bmatrix}\begin{bmatrix} x_W \\ y_W \\ z_W \\ 1 \end{bmatrix}=\boldsymbol{M}_1\boldsymbol{M}_2 X_W$$

式中，$\alpha_x = \dfrac{f}{\mathrm{d}x}$；$\alpha_y = \dfrac{f}{\mathrm{d}y}$。

对于矩阵 M_1，其四个常量（α_x、α_y、u_0、v_0）与摄像机的设计技术指标有关，而与外部因素无关，是摄像头的内部参数，内部参数是摄像头出厂时就确定的。

矩阵 M_2 是摄像头坐标系的转换姿态矩阵，在计算机视觉中确定矩阵 M_2 的过程称为视觉定位。自动驾驶汽车的车载摄像头安装后，需要标定在车辆坐标系下的摄像头位置。另外，由于汽车行驶的振动，摄像头位置会缓慢变化，因此，需要定期对摄像头位置进行重新标定，这一过程称为校准。

3. 棋盘格标定车载摄像头

摄像头标定的好坏决定了视觉系统能否有效地定位和识别目标。摄像头标定可以利用象棋盘一样的标定图像来估计摄像头内部参数和外部参数，以便配置摄像头模型。这里，外部参数指定是摄像头在汽车上的安装位置，即摄像头的离地高度以及摄像头相对于车辆坐标系的旋转角度，如图 2-17 所示。

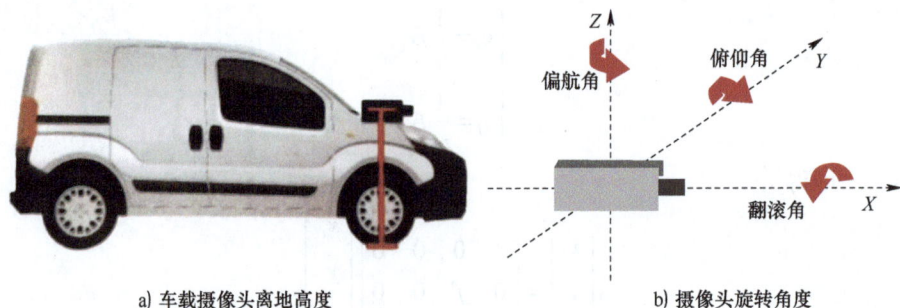

a) 车载摄像头离地高度　　　　　　　b) 摄像头旋转角度

图 2-17　车载摄像头外部参数标定

在标定车载摄像头外部参数前，必须从摄像头中捕获棋盘格图案的图像，使用与估计的内部参数相同的棋盘模式。棋盘坐标系主要用于摄像头的标定，如图 2-18 所示，在棋盘坐标系中，x_p 轴指向右，y_p 轴指向下，棋盘坐标原点位于棋盘左上角的右下方。

车辆坐标系如图 2-19 所示，x 轴指向车辆前方，y 轴指向车身的左方，从正面看原点位于道路表面且位于摄像头下方。做棋盘标定时，x_p 轴、y_p 轴必须和车辆的 x、y 轴对齐。

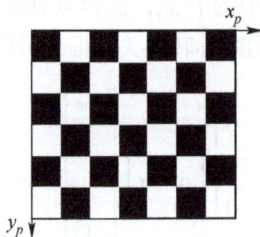

图 2-18　棋盘坐标系　　　　　　　　图 2-19　车辆坐标系

（1）棋盘格水平方向标定摄像头　如图 2-20 所示，在水平方向上，将棋盘格放在地面上或平行于地面，并分别将棋盘格放在车辆的前后左右。

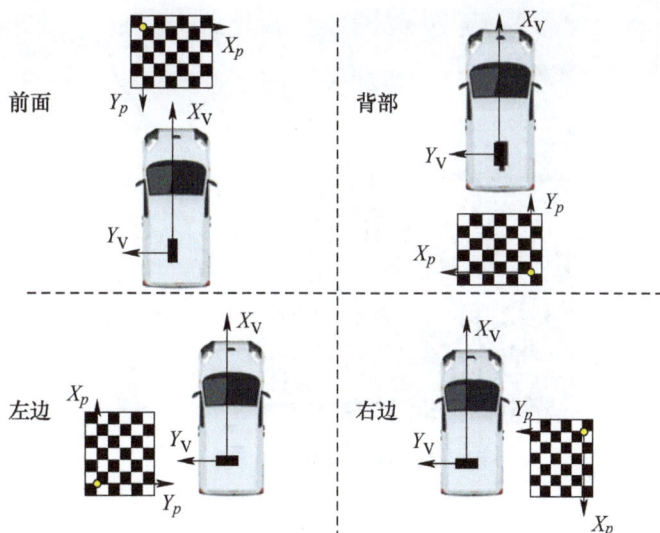

图 2-20　摄像头水平方向标定

（2）棋盘格垂直方向标定摄像头　如图 2-21 所示，将棋盘格垂直于地面，分别放置在车辆的前后左右。

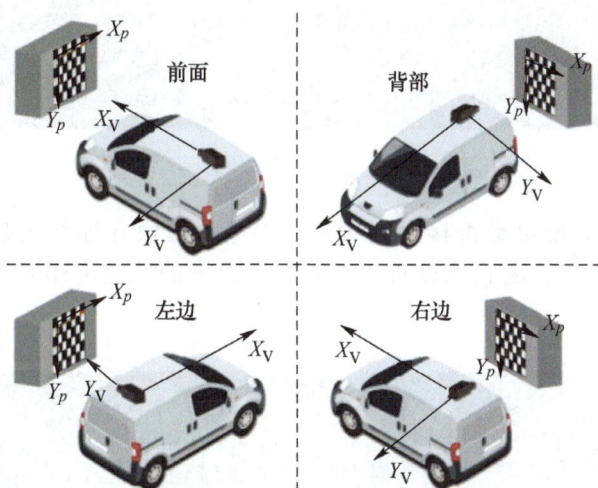

图 2-21　摄像头垂直方向标定

【技能提升】

以树莓派智能小车系统接入摄像头模块的试验对视觉传感器的标定方法进行理解与巩固。将摄像头模块接入树莓派系统，从而获得智能小车所需的图像。

1. 硬件配置

试验所需的硬件包括 4B 树莓派板卡一个、USB 摄像头一个、无线鼠标键盘一套、显示器一个以及数据连接线一根，将所需硬件连接，具体如图 2-22 所示。

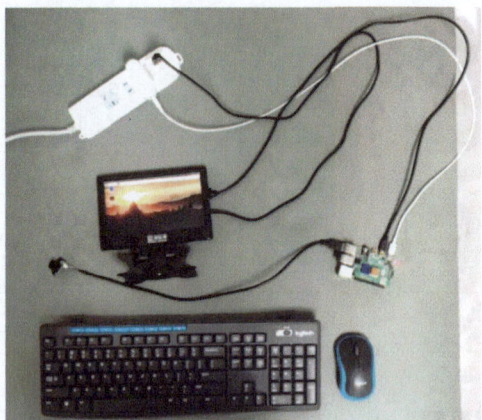

图 2-22　硬件及其连接示意图

2. 系统配置

1）首先下载安装官方所提供的树莓派系统，具体版本信息如图 2-23 所示。

```
pi@raspberrypi:~ $ lsb_release -a
No LSB modules are available.
Distributor ID: Raspbian
Description:    Raspbian GNU/Linux 10 (buster)
Release:        10
Codename:       buster
pi@raspberrypi:~ $
```

图 2-23　安装系统版本信息示意图

2）如何判断摄像头模块是否接入树莓派。摄像头模块在连线前后分别在命令行输入 lsusb，以判断系统是否有检测到该设备，如果有多出来的就是 USB 摄像头，具体如图 2-24 所示。

```
pi@raspberrypi:~ $ lsusb
Bus 003 Device 001: ID 1d6b:0002 Linux Foundation 2.0 root hub
Bus 002 Device 001: ID 1d6b:0003 Linux Foundation 3.0 root hub
Bus 001 Device 002: ID 2109:3431 VIA Labs, Inc. Hub
Bus 001 Device 001: ID 1d6b:0002 Linux Foundation 2.0 root hub
pi@raspberrypi:~ $ lsusb
Bus 003 Device 001: ID 1d6b:0002 Linux Foundation 2.0 root hub
Bus 002 Device 001: ID 1d6b:0003 Linux Foundation 3.0 root hub
Bus 001 Device 006: ID 038f:6001
Bus 001 Device 002: ID 2109:3431 VIA Labs, Inc. Hub
Bus 001 Device 001: ID 1d6b:0002 Linux Foundation 2.0 root hub
pi@raspberrypi:~ $
```

图 2-24　摄像头是否接入判断示意图

3）如果没有检测到摄像头模块，则需要到系统配置里使能摄像头功能，然后重启系统。

重启命令为：sudo raspi-config，具体如图 2-25 所示。

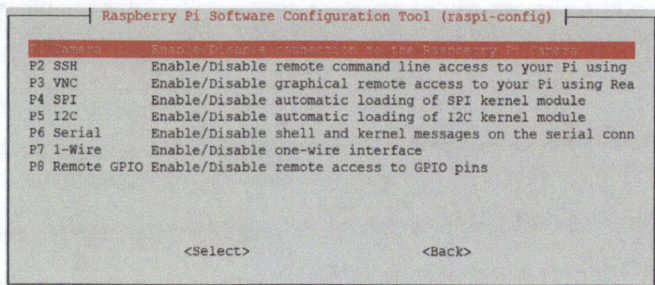

图 2-25　树莓派系统重启

4）确定摄像头拍摄程序。系统成功识别到摄像头硬件后，就可以拍照试试，但具体用哪一个摄像头呢？同样的，需要通过插拔摄像头来试，继续输入命令：ll/dev/video＊，将得到图 2-26 所示的内容。

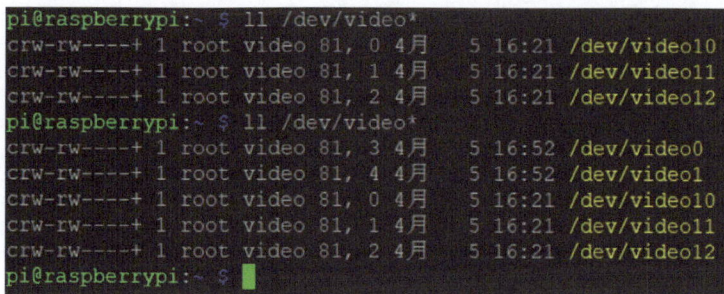

图 2-26　摄像头拍摄程序

这里需要注意一下，有时候在用后文的方法获取摄像头图像后 video0 会消失，导致无法再进行拍摄，只有重启才能解决问题。所以，这里需要优化以下配置，将其解决。具体解决方案：使用 root 权限打开/etc/modules，然后添加一行：bcm2835-v4l2，然后重启树莓派，如图 2-27 所示。

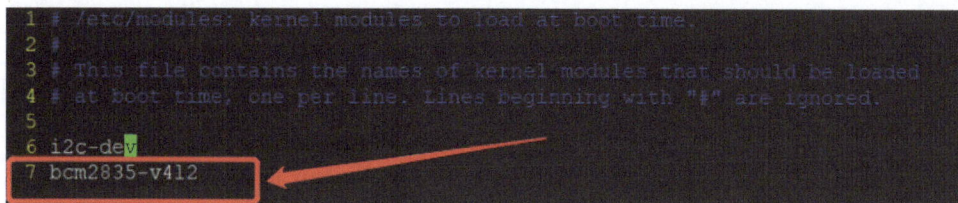

图 2-27　优化配置树莓派系统

3. 效果测试

利用摄像头模块拍摄照片，若使用的是官方提供的 CSI 摄像头模块，则使用命令：raspistill-o image_name. jpg。若使用的是 USB 接口的摄像头模块，则使用命令：fswebcam/dev/video0. /img1. jpg。注意，系统可能没有拍摄程序，使用上述命令前需要安装该程序，具体安装命令：sudo apt-get install fswebcam。图 2-28 所示为测试过程示意图。

找到这个路径下所拍摄的图片，双击"打开"，拍摄结果示意图如图 2-29 所示。

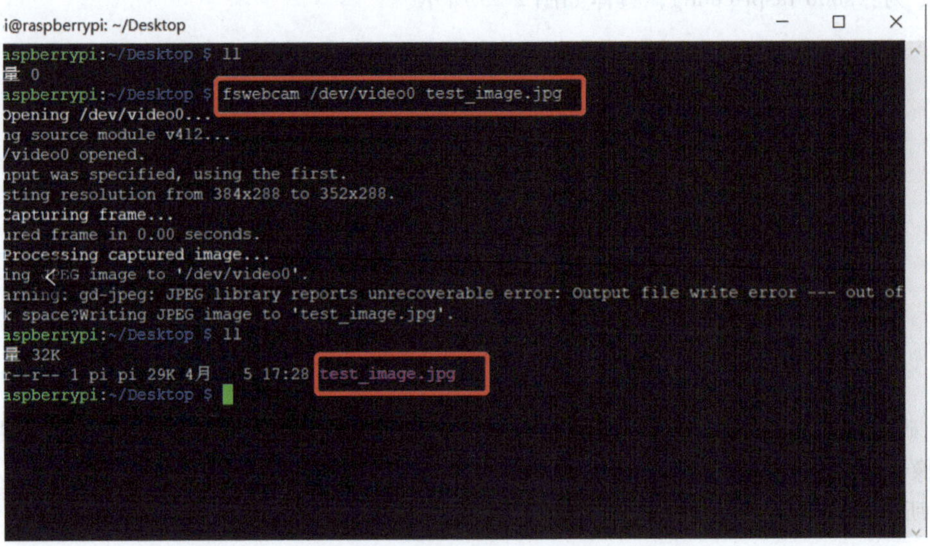

图 2-28　测试过程示意图

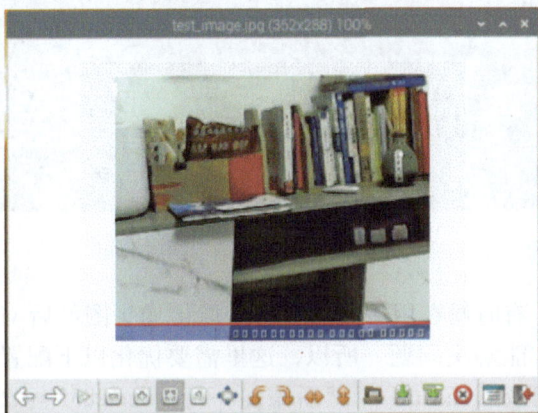

图 2-29　拍摄结果示意图

4. opencv 测试

首先，通过 python 获取摄像头内容。为了进行图像识别，用 opencv 进行图像的抓取，再进一步进行识别。基于此，做了以下简单的图像获取的测试：

1）先需要给系统装上 opencv 和 numpy 的包（其中，numpy 的包，系统一般自带了，剩下的就是安装下面这两个包），具体安装命令如下：

```
sudo apt-get install libopencv-dev
sudo apt-get install python-opencv
```

2）安装完后，在命令行运行 python，导入 cv2，并查看 cv2 的版本，具体命令为：

```
python
import cv2
cv2.__version__
```

如果出现图 2-30 所示的界面，就代表成功了。

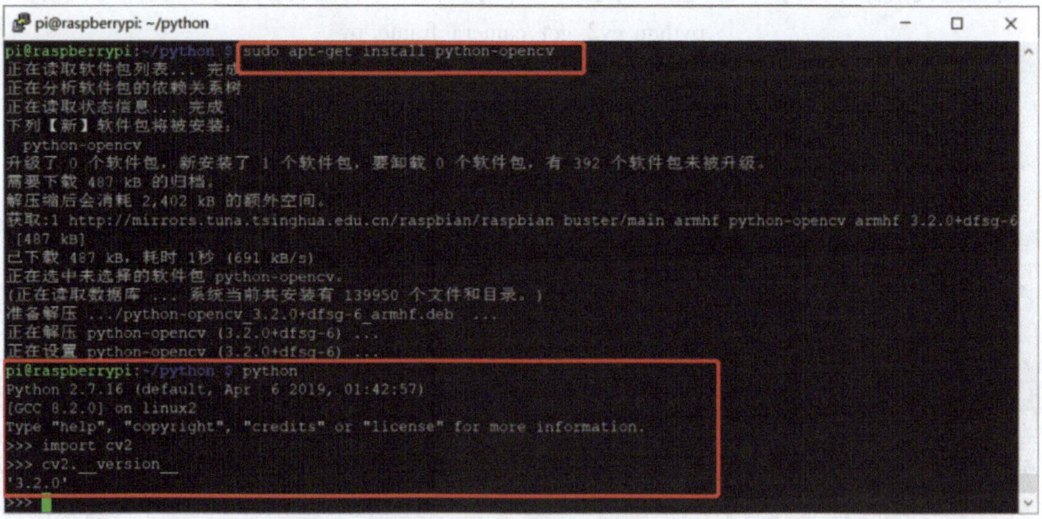

图 2-30　opencv 安装结果图

3）利用所安装程序进行图像抓取。

首先编写图 2-31 所示的代码。

```python
1  #-*- coding:UTF-8 -*-
2  import cv2
3
4  img_count = 0
5
6  cap = cv2.VideoCapture(0)
7  print("Is the camera opened?",cap.isOpened())
8
9  # set the size of image.
10 cap.set(cv2.CAP_PROP_FRAME_WIDTH,500)
11 cap.set(cv2.CAP_PROP_FRAME_HEIGHT,500)
12 # create a window.
13 cv2.namedWindow('image_win',flags=cv2.WINDOW_NORMAL | cv2.WINDOW_KEEPRATIO |
14
15 while(True):
16     ret,frame = cap.read()# ret is the status,frame is the image.
17 if not ret:
18         print("can not take a image, exit...")
19 break
20     cv2.imshow('image_win',frame)
21 #print("frame: ",frame)
22     key = cv2.waitKey(1)#get the input from keyboard
23 if key == ord('q'):
24         print("exit the program normally...")
25 break
26 elif key == ord('c'):
27     cv2.imwrite("{}.png".format(img_count),frame)# save the image.
28     print("a png is saved as: {}.png".format(img_count))
29     img_count += 1
30 cap.release()
31 cv2.destroyAllWindows()
32 #
```

图 2-31　图像抓取测试代码

将上述代码保存为【cv2_get_camera_frame.py】，在命令行运行该脚本。具体为：

python cv2_get_camera_frame.py

稍等一会儿，就能打开一个窗口，播放摄像头实时拍摄的画面。按键盘上的快捷方式"c"，可以拍摄一些图片进行保存，如图2-32所示。

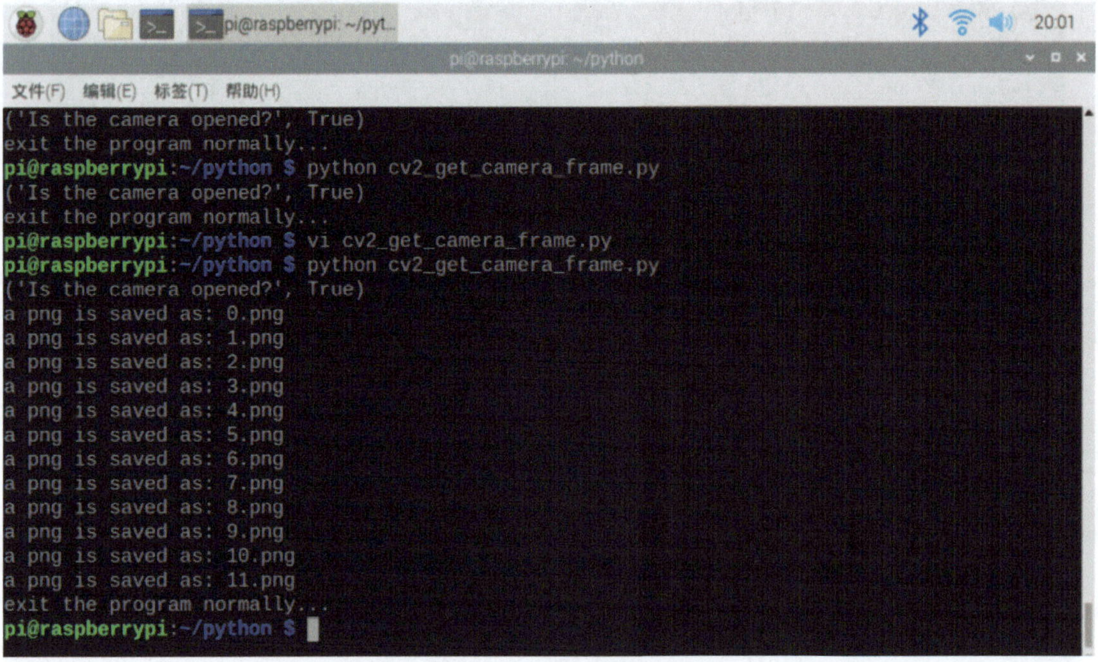

图2-32　拍摄图片保存示意图

通过代码里的设置，可以用c来拍照，用q来推出当前程序。

【学习小结】

1. 视觉传感器是指通过对摄像头拍摄到的图像进行图像处理，来计算对象物的特征量（面积、重心、长度、位置等），并输出数据和判断结果的传感器。

2. 视觉传感器主要由光源、镜头、图像传感器、模-数转换器、图像处理器和图像存储器等组成，通过视觉传感器可获得视觉处理系统所需的原始图像。

3. 图像传感器的技术参数主要有像素、帧率、靶面尺寸、感光度和信噪比等。

4. 摄像头技术参数主要有焦距、视场角、图像尺寸和镜头畸变等。

5. 视觉传感器的标定包括内部参数标定和外部参数标定。视觉传感器内部参数标定一般都是在生产过程中完成的；视觉传感器外部参数标定通常是指物距和角度等参数的标定，即视觉传感器的坐标系相对于世界坐标系的标定。

6. 视觉传感器的标定原理可以分为摄像头坐标转换、像素坐标系转换和小孔成像坐标转换。

7. 棋盘格标定车载摄像头的外部参数主要指摄像头在汽车上的安装位置，即摄像头的离地高度以及摄像头相对于车辆坐标系的旋转角度。

【知识巩固】

一、填空题

1. 视觉传感器主要包括光源、镜头、_____、_____、图像处理器和图像存储器等。

2. 智能网联汽车搭载的视觉传感器主要以摄像头的形式出现，并且此类摄像头搭载有先进的人工智能算法，可实现目标检测、_____和_____等功能。

3. 根据摄像头在智能网联汽车上的安装位置分类，摄像头可以分为前视摄像头、_____、后视摄像头、侧视摄像头以及_____五种类别。

4. 根据摄像头的数目分类，摄像头可以分为单目摄像头、_____和_____。

5. 视觉传感器外部参数标定通常是指_____、_____等参数的标定，即视觉传感器的坐标系相对于世界坐标系的标定。

6. 视觉传感器标定过程中涉及的坐标转换包括_____、_____和_____。

二、选择题

1. 帧率代表单位时间所记录或播放的图片的数量，一般情况下，帧率大于多少时人眼就看不出图片的跳跃（　　　）。

A. 10 幅/s　　　　　　B. 15 幅/s　　　　　　C. 20 幅/s　　　　　　D. 25 幅/s

2. 同一像素下，图像尺寸与分辨率之间的关系为（　　　）。

A. 图像尺寸越大，分辨率越高　　　　　　B. 图像尺寸越大，分辨率越低

C. 没有关系

3. 分辨率的大小取决于（　　　）。

A. 图像尺寸和像素　　　　　　B. 像素和焦距

C. 视场角和图像尺寸　　　　　　D. 视场角和焦距

三、简答题

1. 简述视觉传感器视场角、焦距和图像大小之间的关系。

2. 简述视觉传感器图像尺寸、像素和分辨率之间的关系。

3. 简述相机标定的坐标转换过程。

任务二　视觉传感器的环境感知流程

【任务描述】

通过本任务的学习，可以了解并掌握视觉传感器的具体环境感知流程。本任务针对自动驾驶行业的视觉感知做简要介绍，从传感器端的对比，到数据的采集标注，进而对感知算法进行分析，给出各个模块的难点和解决方案，最后介绍感知模块的主流框架设计。

知识目标	技能目标	素养目标
1. 掌握智能网联汽车视觉感知的任务 2. 掌握智能网联汽车视觉感知的主要传感器部件以及各个部件的功能	1. 掌握智能网联汽车视觉传感器环境感知的整个流程 2. 掌握目前主流的智能网联汽车环境感知构架	1. 培养学生的逻辑思维能力 2. 通过举例环境感知的难点和对应解决方案，培养学生分析问题和解决问题的能力

【理论知识】

一、视觉传感器视觉感知任务

视觉感知系统主要以摄像头作为传感器输入，经过一系列的计算和处理，对自车周围的环境信息做精确感知。目的在于为融合模块提供准确丰富的信息，包括被检测物体的类别、距离信息、速度信息、朝向信息，同时也能够给出抽象层面的语义信息。所以，道路交通的感知功能主要包括以下三个方面：

1）动态目标检测（车辆、行人和非机动车）。

2）静态物体识别（交通标志和红绿灯）。

3）可行驶区域的分割（道路区域和车道线）。

这三类任务通过一个深度神经网络的前向传播完成，不仅可以提高系统的检测速度，减少计算参数，而且可以通过增加主干网络层数的方式提高检测和分割精度。如图 2-33 所示，可以将视觉感知任务分解成目标检测、图像分割、目标测量和图像分类等。

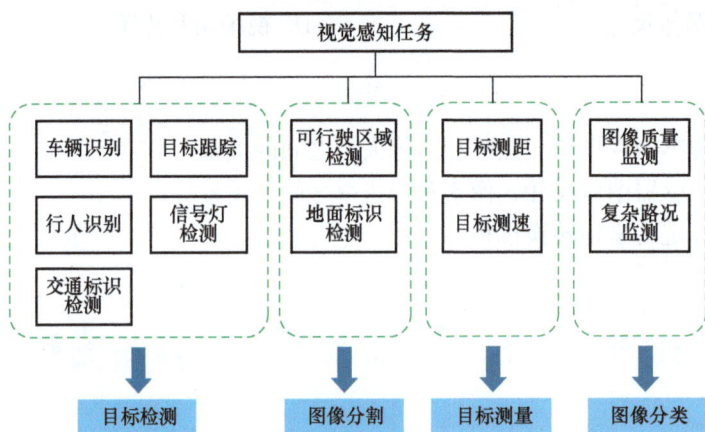

图 2-33　视觉传感器视觉感知任务

二、传感器组件

传感器组件主要是指智能网联汽车上的各种摄像头，具体有前视摄像头、广角摄像头和环视鱼眼摄像头。

1. 前视摄像头

如图 2-34 所示，前视摄像头视场角较小，一般采用 52°左右的相机模组安装于车辆前风窗玻璃中间，主要用来感知车辆前方较远的场景，感知距离一般为 120m 以内。

图 2-34　前视摄像头拍摄画面

2. 广角摄像头

广角摄像头视场角相对较大，一般采用六颗 100°左右的摄像头模组安装在车辆周围一圈，主要用来感知 360°的周身环境（安装方案与特斯拉大同小异）。广角摄像头存在一定的畸变现象，如图 2-35 所示。

3. 环视鱼眼摄像头

如图 2-36 所示，环视鱼眼摄像头视场角较大，可以达到 180°以上，对近距离的感知较好，通常用于 APA、AVP 等泊车场景，安装于车辆左右后视镜下方以及前后车牌下方四个位置做图像的拼接、车位检测和可视化等功能。

图 2-35　广角摄像头拍摄画面

图 2-36　环视鱼眼摄像头拍摄画面

【技能提升】

视觉传感器环境感知流程具体如下：

1. 摄像头标定

这里的摄像头标定与任务一的标定内容一致，但是考虑到车辆运行一段时间或者在颠簸的过程中摄像头位置的偏移，感知系统中也有在线标定的模型，常利用消失点或车道线等检测得到的信息实时更新俯仰角的变化。

2. 数据标注

自然道路场景存在各种的突发状况，所以需要采集大量的实车数据用来训练。高质量的数据标注成了一件至关重要的工作，其中，感知系统检测的全部信息均需要进行标注。标注形式包括目标级标注和像素级标注，如图 2-37 和图 2-38 所示。

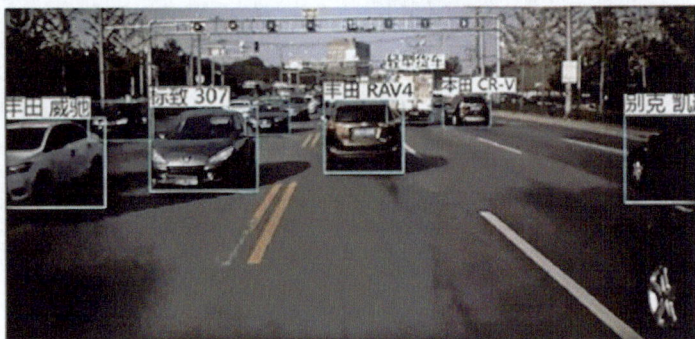

图 2-37　目标级标注

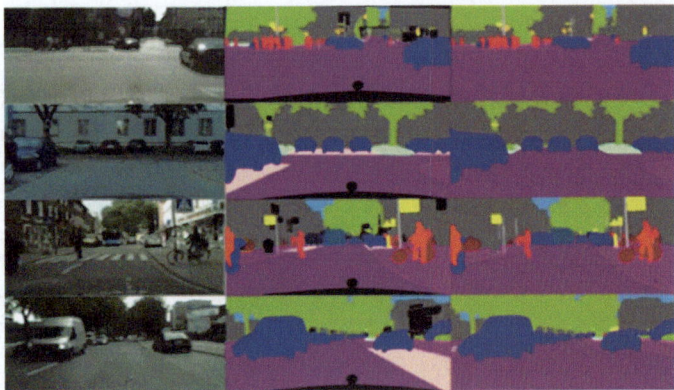

图 2-38　像素级标注

视觉感知系统中的检测和分割任务常采用深度学习的方式实现，而深度学习是一项数据驱动的技术，所以需要大量的数据和标注信息进行迭代。为了提高标注的效率，可以采用半自动的标注方式，通过在标注工具中嵌入一个神经网络用于提供一份初始标注，然后人工修正，并且在一段时间后加载新增数据和标签进行迭代循环。

3. 功能划分

视觉感知可以分为多个功能模块，如目标检测跟踪、目标测量、可通行区域划分、车道线检测等。

（1）**目标检测跟踪**（图 2-39）　目标检测跟踪是指对车辆（轿车、货车、电动车、自行车）和行人等动态物体的识别，输出被检测物的类别和 3D 信息，并对帧间信息做匹配，确保检测框输出的稳定和预测物体的运行轨迹。

图 2-39　目标检测跟踪

目标检测的难点如下：

1）遮挡情况较多，会造成朝向角不准确。

2）识别类型较多（车辆、行人等），容易误检。

3）多目标跟踪时存在 ID 切换问题。

4）恶劣天气环境下，感知性能下降。

解决方案如下：

1）给出车辆的 3D Bounding Box，其作用是能给出车辆朝向角信息，以及车的高度信息。

2）增加几何约束的好处是提高检测率，降低误检率。

3）加入多目标跟踪算法，给车辆及行人对应的 ID 号。

4）多传感器信息融合。

（2）目标测量　目标测量包括测量目标的横纵向距离和横纵向速度等信息。根据目标检测跟踪的输出借助地面等先验知识从 2D 的平面图像计算车辆等动态障碍物的距离信息、速度信息等或者通过 NN 网络直接回归出现世界坐标系中的物体位置，如图 2-40 所示。

图 2-40　视觉传感器目标测量

目标测量的难点：如何从缺乏深度信息的单目系统中计算出物体的距离。

解决方案如下：

1）通过光学几何模型（即小孔成像模型）建立测试对象世界坐标与图像像素坐标间的几何关系，结合摄像头内、外参数的标定结果，便可以得到与前方车辆或障碍物间的距离。

2）通过采集的图像样本，直接回归得到图像像素坐标与车距间的函数关系，这种方法缺少必要的理论支撑，是纯粹的数据拟合方法，因此受限于拟合参数的提取精度，鲁棒性相对较差。

（3）可通行区域划分（图 2-41） 可通行区域划分是指对车辆的可行驶区域进行划分，主要是对车辆、普通路边沿、侧石边沿、没有障碍物可见的边界、未知边界进行划分，最后输出车辆可以通行的安全区域。

图 2-41　可通行区域划分

可通行区域划分难点如下：

1）在复杂环境场景时，边界形状复杂多样，导致泛化难度较大。不同于其他的检测有明确的检测类型（如车辆、行人、交通灯），通行空间需要把本车的行驶安全区域划分出来，需要对凡是影响本车前行的障碍物边界全部划分出来，如不常见的锥桶、坑洼路面、非水泥路面、绿化带、十字路口、T 字路口等进行划分。

2）标定参数校正。在车辆加减速、路面颠簸、上下坡道时，会导致摄像头俯仰角发生变化，原有的摄像头标定参数不再准确，投射到世界坐标系后会出现较大的测距误差，通行空间边界会出现收缩或开放的问题。

解决方案如下：

1）摄像头在线标定，若不能实现实时在线标定功能，增加读取车辆的车载惯性测量单元（IMU）信息，利用车辆车载惯性测量单元信息获得的俯仰角自适应地调整标定参数。

2）选取轻量级合适的语义分割网络，对需要分割的类别打标签，场景覆盖尽可能地广；使用极坐标的取点方式进行描点，并采用滤波算法平滑后处理边缘点。

（4）车道线检测 车道线检测包括对各类单侧/双侧车道线、实线、虚线、双线检测，线型的颜色（白色/黄色/蓝色）和特殊的车道线（汇流线、减速线等）检测，如图 2-42 所示。

车道线检测难点如下：

1）线型种类多，不规则路面检测车道线难度大；如遇地面积水、无效标识、修补路面、阴影情况下的车道线容易误检、漏检。

2）上下坡、颠簸路面，车辆起停时，容易拟合出梯形、倒梯形的车道线。

3）弯曲车道线、远端车道线、环岛车道线，车道线的拟合难度较大，检测结果易闪烁。

解决方案如下：

图 2-42　车道线检测

采用神经网络的方法进行车道线的检测跟通行空间检测类似，选取合适的轻量级网络，打好标签；车道线的难点在于车道线的拟合（三次方程、四次方程），所以在后处理上可以结合车辆信息（速度、加速度、转向）和传感器信息进行航位推算，尽可能地使车道线拟合结果更佳。

4. 主流环境感知模块构架

目前，主流的环境感知构架有 Apollo 和 Autoware 两种，Apollo 的视觉传感环境感知构架为：相机输入→图像的预处理→神经网络→多个分支（红绿灯识别、车道线识别、2D 物体识别转 3D)→后处理→输出结果（输出物体类型、距离、速度代表被检测物的朝向）。

【学习小结】

1. 道路交通的感知功能主要包括动态目标检测（车辆、行人和非机动车）、静态物体识别（交通标志和红绿灯）和可行驶区域的分割（道路区域和车道线）。

2. 智能网联汽车视觉传感器视觉感知任务分解成目标检测、图像分割、目标测量、图像分类等。

3. 视觉感知传感器组件主要是指智能网联汽车上的各种摄像头，包括前视摄像头、广角摄像头和环视鱼眼摄像头。

4. Apollo 的视觉传感环境感知构架为：相机输入→图像的预处理→神经网络→多个分支（红绿灯识别、车道线识别、2D 物体识别转 3D)→后处理→输出结果（输出物体类型、距离、速度代表被检测物的朝向）。

【知识巩固】

一、填空题

1. 智能网联汽车视觉感知任务分解成_____、_____、目标测量、图像分类等。

2. 智能网联汽车道路交通的感知功能主要包括动态目标检测（车辆、行人和非机动车）、_____和_____。

3. 传感器组件主要是指智能网联汽车上的各种摄像头，包括前视摄像头、广角摄像头和_____。

4. 数据标注形式包括_____和_____。

5. 视觉感知可以分为多个功能模块，如_____、_____、可通行区域划分、车道线检测等。

二、简答题

1. 视觉传感器的环境感知构架或感知流程都包含哪些步骤？

2. 简述视觉传感器的感知任务都有哪些。

3. 简述视觉感知流程中的摄像头标定和一般摄像头标定的不同，以及造成不同的原因是什么。

项目三

超声波雷达的认知及应用

【情景导入】

"倒车的时候，雷达没有响，我在后视镜里也没有看见，就撞上去了……"，苏州常熟莫城交警中队接到一起报警称，一辆汽车在倒车时不慎撞在消防栓上，喷出了近 10m 高的水柱。

倒车雷达（超声波雷达）在日常驾驶中使用频率是比较频繁的，超声波雷达的性能好坏对驾车安全有着较大的影响。本项目将介绍超声波雷达（倒车雷达）的基本知识、标定测试以及超声波雷达在智能网联汽车上的应用。

【学习目标】

知识目标	技能目标	素养目标
1. 掌握智能网联汽车超声波雷达的定义、组成以及特点等 2. 掌握智能网联汽车超声波雷达的具体应用，如倒车雷达预警、车辆侧边距报警系统、自动泊车辅助系统以及遥控泊车辅助系统等	1. 掌握超声波雷达的测距原理以及超声波雷达的分类 2. 掌握超声波雷达的相关技术参数	1. 培养学生沟通协作的能力 2. 培养学生活学活用的能力，能熟练将所学知识应用于实际

【理论知识】

一、超声波雷达的定义

1. 声波的分类

声波根据频率可以分为次声波、可闻声波和超声波。其中，频率小于 20Hz 的声波为次声波，该声波的频率与人体的频率（为 3~17Hz）近似，能与人体各器官之间发生共振，身处次声波环境中人会感到极不舒服，严重时会造成人窒息死亡；可闻声波是人耳平时可听见的声波，频率一般为 20~20kHz；超声波是指频率大于 20kHz 的声波，生活中最常见的例子就是蝙蝠利用超声波进行捕食，如图 3-1 所示。超声波具有能量集中、指向性好和强穿透力等特点，在工业上应用广泛，常见的有超声波探伤和超声波测距等。

图 3-1　超声波实例

2. 超声波雷达

超声波雷达是一种利用超声波测算距离的雷达传感器装置。超声波雷达是最常见的智能网联汽车车载传感器之一，主要的功能是短距离测量，多用于倒车雷达和自动泊车等功能，如图 3-2 所示。

图 3-2　车载超声波雷达

二、超声波雷达的组成

超声波雷达由超声波发射器、超声波接收器、四位拨码开关和数据线等组成，如图 3-3 所示。其中，超声波发射器和接收器安装在同一平面上，在超声波雷达的测量范围内，超声波发射器发射出特定频率的超声波，该超声波遇到检测物后会被反射回部分声波，接收器接收该部分反射声波，此时芯片将记录超声波往返的时间，并通过该时间计算出距离。数据线的作用是将数据传给控制单元。

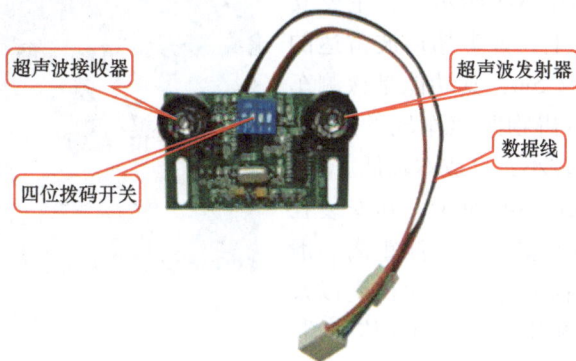

图 3-3　超声波雷达的组成

三、超声波雷达的特点

（1）超声波雷达传感器的优点

1）频率相对固定。车用超声波雷达频率为 40kHz。

2）结构简单、体积小、易于集成化。

3）价格便宜。

4）灵敏度高。

5）环境抗干扰性强，能适应室内外及明暗使用的场景。

（2）超声波雷达传感器的缺点

1）不适用于高速测距。例如，当车速高时，超声波无法跟上车距的实时变化，误差较大。

2）有扩散角，只能用于测距，不能测方位。

3）存在探测缺陷。不易探测到低矮、圆锥、过细的障碍物。

4）有探测盲区。发射信号对反射有覆盖作用。

四、超声波雷达的测距原理

超声波雷达的测距原理比较简单，如图 3-4 所示。超声波发射器将超声波信号发出，该信号碰到障碍物后会被反射一部分给信号接收器。假设超声波信号从发射到该信号被接收器接收的时间为 t，超声波的传播速度为 v（超声波在空气中的传播速度约等于声音的传播速度 $v=340\text{m/s}$），所以根据几何关系可得超声波雷达与障碍物之间的距离 L 为

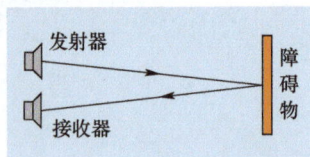

$$L=vt/2$$

图 3-4　超声波雷达测距原理

五、车载超声波雷达的分类

超声波是指频率大于 20kHz 的声波，常用的超声波频率有 40kHz、48kHz 和 58kHz，其中，40kHz 频率的超声波雷达使用最多。智能网联汽车上搭载的超声波雷达，根据探测距离的不同可以分为驻车辅助传感器（Ultrasonic Parking Assistance，UPA）和泊车辅助传感器（Automatic Parking Assistance，APA）两类。

驻车辅助传感器如图 3-5 所示，其主要安装在车辆的前后保险杠上，该类超声波雷达的探测距离一般为 0.15～2.5m，其功能是探测车辆停车时车辆前后的障碍物距离车辆的距离。驻车辅助传感器的功率较小，且成本较低。

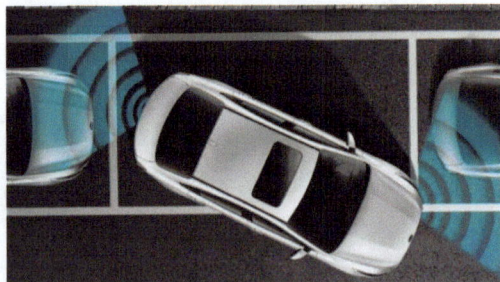

图 3-5　驻车辅助传感器

泊车辅助传感器如图 3-6 所示，其安装在车辆的侧面，该类超声波雷达的探测距离一般为 0.3～5m，其功能是探测停车位的长度以及车辆侧面的障碍物等，相比于驻车辅助传感器、超声波雷达传感器，泊车辅助传感器功率更大，生产成本也相对较高。

图 3-7 所示为智能网联汽车超声波雷达的主流配置，具体为车辆前后保险杠上各安装四个驻车辅助传感器，车辆两侧各安装两个泊车辅助传感器，以辅助驾驶泊车或者车辆自动泊车。

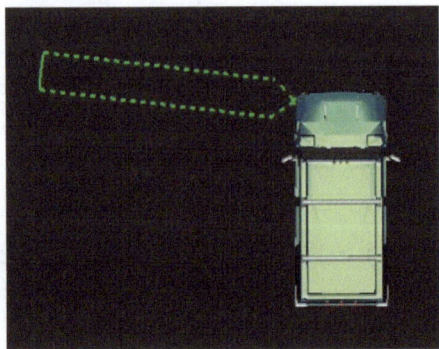

图 3-6　泊车辅助传感器

图 3-7　智能网联汽车超声波雷达的主流配置

六、超声波雷达的技术参数

超声波雷达的主要技术参数包括测量距离、测量精度、探测角度、工作频率和工作温度等。

（1）测量距离 根据车载超声波雷达测量距离的不同，传感器可以分为驻车辅助传感器和泊车辅助传感器两类。测量距离和超声波的波长和频率有关：波长越长，频率越小，测量的距离越大。驻车辅助传感器的测量距离一般要求为 0.15~2.5m，泊车辅助传感器的测量距离一般要求为 0.3~5m。

（2）测量精度 超声波雷达的测量精度是指测量距离与实际距离的误差，误差越小，精度越高，所测得的距离值越可靠。通常情况下，测量精度会受到被测物体的体积大小、表面形状和表面材料等的影响。

（3）探测角度 超声波的波束截面类似于椭圆形，因此其探测范围有一定的限制，这也是车辆的前后保险杠安装四个超声波雷达的原因，其目的是确保车辆的前后探测范围。

（4）工作频率 超声波雷达的工作频率将直接决定其性能和体积大小。车载超声波雷达的工作频率一般为 40kHz 左右，该频率下，超声波雷达的方向性较强且信噪比高。

（5）工作温度 车载超声波雷达的工作温度一般要与车辆的工作温度相匹配。

七、超声波雷达的应用

1. 倒车雷达预警

在使用汽车时会经常碰到以下情况：驾驶人手动泊车过程中，如果待泊入车位周围有障碍物或者障碍车等，在泊车快要完成时（即车辆离障碍车或障碍物较近时，如图 3-8 所示），车辆往往会发出"嘀嘀嘀"等类似的提示音，有的甚至会在倒车影像中用配有红色警示画面来提醒驾驶人。

图 3-8 倒车雷达预警触发

倒车雷达的工作原理图如图 3-9 所示，根据雷达测距原理，倒车雷达可探测到车辆距离障碍物的距离，随着车辆逐渐靠近障碍物，倒车雷达探测到的障碍物距离也会随之减小，当距离小到一定值时，系统会发出报警信号，从而达到提醒驾驶人小心驾驶的目的，提高行车的安全性。

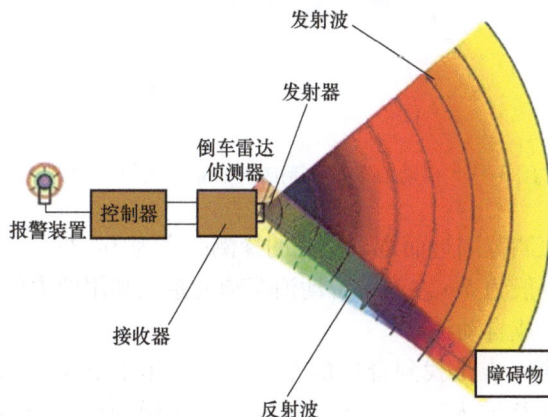

图 3-9 倒车雷达的工作原理图

2. 车辆侧边距报警系统

车辆侧边距报警系统的触发场景主要为车辆驶离车位且车位旁有障碍车辆或者车库立柱等障碍物的场景，如图 3-10 所示。在该类场景中，驾驶人因视野受限，驶出车位并转向时容易忽略车身侧面的障碍物，从而导致车侧与旁边车辆或者障碍物发生剐蹭。

图 3-10　车辆侧边距报警系统触发场景

车辆侧边距报警系统的工作原理同倒车雷达类似，唯一的区别在于倒车雷达一般是利用安装在车辆后保险杠上的超声波雷达来完成测距功能的，而侧边距报警系统是利用安装在车辆两个侧面的雷达来完成的。

3. 自动泊车辅助系统

自动泊车辅助系统是指在驾驶人发出自动泊车需求指令时，车辆自主帮助驾驶人找到合适车位并将车辆泊入车位。

目前，自动泊车辅助系统的环境感知传感器主流配置为十二个超声波雷达。其中，包括八个驻车辅助传感器（前后保险杠各四个）和四个泊车辅助传感器（车身两侧各两个），具体如图 3-11 所示。

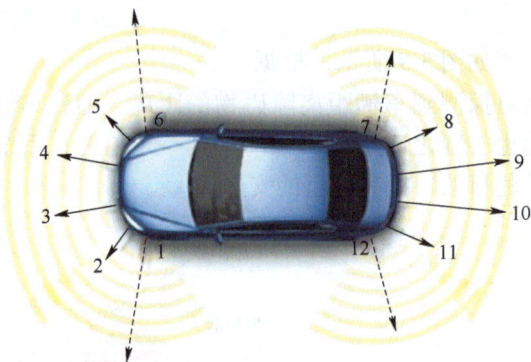

图 3-11　自动泊车辅助系统传感器配置及感知范围

驻车辅助传感器的探测范围近而宽，常见的探测距离为 3m 左右；泊车辅助传感器的探测范围远而窄，探测距离一般为 5m 左右。自动泊车辅助系统利用两类传感器的特点，感知自动泊车环境，并协助车辆完成自动泊车。

首先，自动泊车的第一步是找到合适的车位，该工作主要是由泊车辅助传感器完成的，其工作原理是：当车辆从待泊入车位旁边驶过时，泊车辅助传感器所测得的距离值将变大，并且该值会持续一段时间，系统会根据当前车速和信号持续时间计算车位的宽度，当计算所得的车位宽度满足自动泊车的要求时，系统会将该车位视为待泊入的目标车位。其原理示意图如图 3-12 所示。

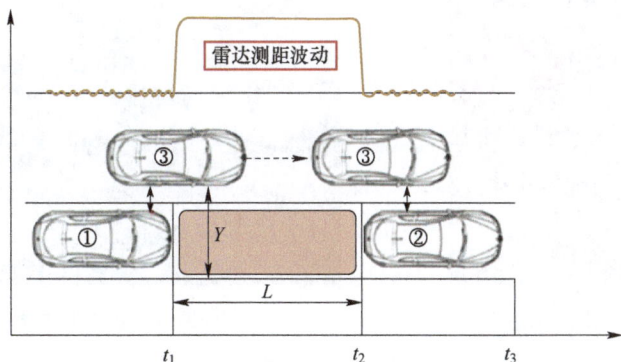

图 3-12　泊车辅助传感器车位识别原理图

在车辆识别到目标泊入车位后，自动泊车辅助系统会根据车位大小和自车尺寸等信息规划出自动泊车路线，得到泊车路线后车辆控制转向盘、加速踏板和制动踏板等执行器，代替驾驶人操作，使车辆泊入目标车位，具体过程如图 3-13 所示。在自动泊车过程中，车辆前后保险杠的八个驻车辅助传感器主要负责感知环境，并根据环境信息修正泊车轨迹。

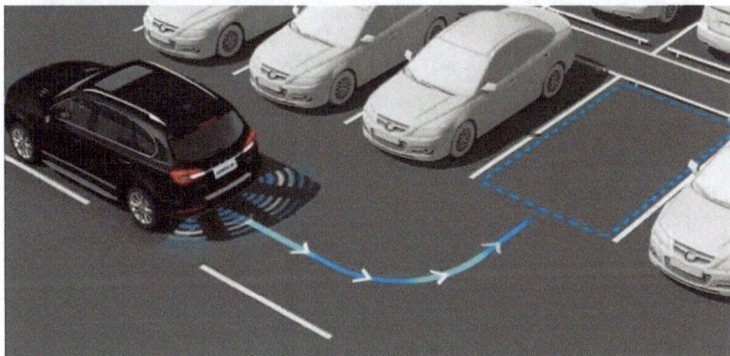

图 3-13　自动泊车轨迹及泊车过程示意图

现目前智能网联汽车所搭载的自动泊车辅助系统多处于 L2 级别的自动驾驶技术，驾驶人在自动泊车的过程中需要在车内实时监控泊车全过程，以确保自动泊车的顺利完成。

4. 遥控泊车辅助系统

遥控泊车辅助系统是在自动泊车辅助系统的基础上发展而来的，该系统主要是为了解决在一些较窄空间停车时，上下车困难的问题，如图 3-14 所示。

遥控泊车辅助系统的传感器配置和自动泊车辅助系统相似，最主要的区别是多了一个通信模块。车辆在找到目标泊入车位时，驾驶人可下车，在车外通过智能遥控钥匙或者手机 APP 发送指令控制车辆泊入车位，如图 3-15 所示。该功能就很好避免了因泊车空间狭小而下车困难的尴尬。

图 3-14　泊车空间狭小的不便

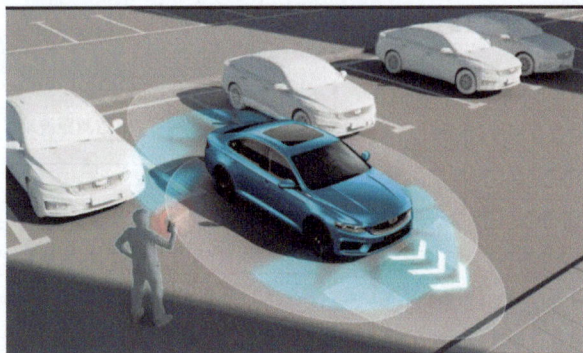

图 3-15　遥控泊车辅助系统示意图

5. 其他泊车辅助系统

泊车辅助系统的基础传感器为超声波雷达传感器，当超声波雷达传感器和其他传感器配合使用时，会衍生出更高级、更智能的自动泊车辅助系统。例如，当超声波雷达传感器加上360°摄像头以及视觉 SLAM 时，就可实现自学习的泊车辅助系统。而在自学习泊车辅助系统的基础上，搭载高精度地图，即可实现最为理想和智能化的自动代客泊车辅助系统，如图 3-16 所示。

图 3-16　自动代客泊车辅助系统

自动代客泊车辅助系统可实现在车主到达目的地下车后，车辆可自主找到附近车场并停车的功能，而当车主需要再次用车时，只需通过 APP 发送指令告知车辆在哪里上车即可，车辆会根据指令到达指定位置，从而完成整个自动代客泊车功能。

【技能提升】

基于树莓派超声波雷达的安装及测试，具体步骤如下：

本试验将使用树莓派连接 HC-SR04 超声波测距传感器，如图 3-17 所示。用 python GPIO 控制传感器完成距离测定，并控制小车在前方障碍小于某一特定值时，做出"停止""后退"

等一系列动作。

1. 工作原理

本试验所用超声波雷达的工作原理如下：

1）给 IO 口 TRIG 至少 10μs 的高电平信号触发测距。

2）模块自动发送 8 个 40kHz 的方波，自动检测是否有信号返回。

3）有信号返回，通过 IO 口 ECHO 输出一个高电平，高电平持续的时间就是超声波从发射到返回的时间。因此，可以得到：测试距离=高电平时间×声速/2。

图 3-17 HC-SR04 超声波测距传感器

2. 接线方式

HC-SR04 超声波距离传感器模块共有四个端子，其中，有两个电源端子和两个控制端子。

1）Vcc 和 Gnd 是电源端子，Vcc 接树莓派 GPIO 口输出的 5V 电源接口，Gnd 接树莓派任意一个 Gnd 接口。理论上说，Vcc 和 Gnd 接任意的 5V DC 电源都行，但最好使用树莓派的 GPIO 口供电，不然会影响这个模块的运行。

2）Trig 端子用来接收树莓派的控制信号，接任意 GPIO 口。

3）Echo 端子用来向树莓派返回测距信息，接任意 GPIO 口。

注意，Echo 返回的是 5V 信号，而树莓派的 GPIO 接收超过 3.3V 的信号可能会被烧毁，为保证树莓派 GPIO 口安全，最好加一个分压电路。

3. 测试方法

使用 Python 的 GPIO 库操作超声波传感器方法如下：

1）创建一个 Python 文件，命名为 checkDist.py。打开文件，创建测距函数 checkdist，具体代码如图 3-18 所示。

2）循环执行这一函数，并把测得的目标物距离显示出来，具体函数如图 3-19 所示。

```
import RPi.GPIO as GPIO
import time

#######超声波传感器接口定义###############
Trig = 38
Echo = 40
# 超声波距离探测
def checkdist(self):
    GPIO.setup(Trig, GPIO.OUT, initial=GPIO.LOW)
    GPIO.setup(Echo, GPIO.IN)
    GPIO.output(Trig, GPIO.HIGH)
    time.sleep(0.00015)
    GPIO.output(Trig, GPIO.LOW)
    while not GPIO.input(Echo):
        pass
    t1 = time.time()
    while GPIO.input(Echo):
        pass
    t2 = time.time()
    return (t2-t1)*340*100/2
```

图 3-18 测距函数代码

```
def distStart():
    try:
        while True:
            print '目标距离:%0.2f cm' % checkdist()
            time.sleep(0.5)
    except KeyboardInterrupt:
        GPIO.cleanup()

distStart()
```

图 3-19 循环执行函数代码

保存代码并执行，可以看到，每隔 0.5s，系统将显示前方目标物的距离。

43

【学习小结】

1. 声波根据频率可以分为次声波、可闻声波和超声波，超声波是指频率大于 20kHz 的声波。

2. 超声波雷达由超声波发射器、超声波接收器、拨码开关和数据线等组成。

3. 智能网联汽车上所搭载的超声波雷达根据探测距离的不同可以分为驻车辅助传感器（UPA）和泊车辅助传感器（APA）两类。

4. 超声波雷达的主要技术参数包括测量距离、测量精度、探测角度、工作频率和工作温度等。

5. 智能网联汽车超声波雷达的应用主要包括倒车雷达预警、车辆侧边距报警系统、自动泊车辅助系统、遥控泊车辅助系统以及其他泊车辅助系统等。

6. 自动泊车辅助系统的环境感知传感器主流配置为十二个超声波雷达。其中，包括八个驻车辅助传感器（前后保险杠各四个）和四个泊车辅助传感器（车身两侧各两个）。

【知识巩固】

一、填空题

1. 超声波雷达由_____、_____、_____和_____组成。

2. 超声波雷达的主要技术参数包括测量距离、测量精度、_____、_____和_____。

3. 超声波是指频率大于_____ kHz 的声波。

4. 超声波雷达的应用主要包括_____、_____、_____、_____以及_____等。

二、选择题

1. 智能网联汽车自动泊车功能一般由（　　）个超声波来实现。

A. 六　　　　　　　　B. 八　　　　　　　　C. 十　　　　　　　　D. 十二

2. 超声波雷达从发射信号到接收经过障碍物返回的信号时间为 0.01s，超声波雷达距离障碍物的距离为（　　）。

A. 3.4m　　　　　　B. 1.7m　　　　　　C. 2m　　　　　　D. 6.8m

三、简答题

1. 什么是超声波雷达？

2. 超声波雷达的测距原理是什么？

3. 车载超声波雷达可以分为几类？分别有什么作用？

4. 智能网联汽车超声波雷达的主流配置是什么？

5. 请举例说明超声波雷达在智能网联汽车上的应用。

项目四

毫米波雷达测试标定及应用

2022 年 3 月 18 日，国家市场监督管理总局发布了一则召回通知，召回范围内的部分车辆由于毫米波雷达传感器可能存在光轴调整设置未成功的情况，在车辆使用过程中无法识别前方车辆，导致动态雷达巡航控制系统（DRCC）、车道循迹辅助系统（LTA）及预碰撞安全系统（PCS）部分功能不能正常工作，增加发生碰撞事故的风险，存在安全隐患。

解决办法：为召回范围内的车辆免费检查毫米波雷达传感器光轴调整状态，如果检测到设置未成功的情况，则重新对车辆进行光轴调整设置，以消除安全隐患。

应急处置措施：召回维修前，建议用户暂停使用动态雷达巡航控制系统、车道循迹辅助系统及预碰撞安全系统，并在召回活动开始后及时入店进行检查维修。

毫米波雷达是智能网联汽车智能驾驶的核心传感器之一，其性能的好坏将直接影响智能驾驶功能的安全性。本项目将从毫米波雷达的基本知识、标定测试以及应用这三方面来介绍毫米波雷达。

【学习目标】

知识目标	技能目标	素养目标
1. 掌握智能网联汽车毫米波雷达的定义、组成、特点和分类等基本知识 2. 掌握毫米波雷达的测量原理，包括测速、测距以及方位测量的原理	1. 掌握智能网联汽车毫米波雷达的功能测试 2. 掌握智能网联汽车毫米波雷达的标定方法	1. 培养学生学以致用的能力 2. 培养学生在测试标定工作中的严谨性

【理论知识】

一、毫米波雷达

1. 毫米波雷达的定义

（1）电磁波 电磁波是由同相振荡且互相垂直的电场与磁场在空间中衍生发射的振荡粒子波，是以波动的形式传播的电磁场，具有波粒二象性，其粒子形态称为光子，电磁波与光子不是非黑即白的关系，而是根据实际研究的不同，其性质所体现出的两个侧面。图 4-1 所示为电磁波的波谱图。

（2）毫米波 毫米波是指波长在 1~10mm 的电磁波，具有带宽宽（30~300GHz）、波束窄、抗干扰性强和易小型化等特点。

（3）毫米波雷达 毫米波雷达是指工作频率在毫米波段的雷达，通过收发高频电磁波来探测目标，信号处理模块通过回波信号可计算出目标的距离、速度和角度等信息。车载毫米波雷达如图 4-2 所示。毫米波雷达可用于智能网联车辆的自动紧急制动系统（AEB）、前方碰撞预警系统（FCW）、盲区监测系统（BSD）和变道辅助系统（LCA）等，是智能网联汽车不可或缺的传感器。

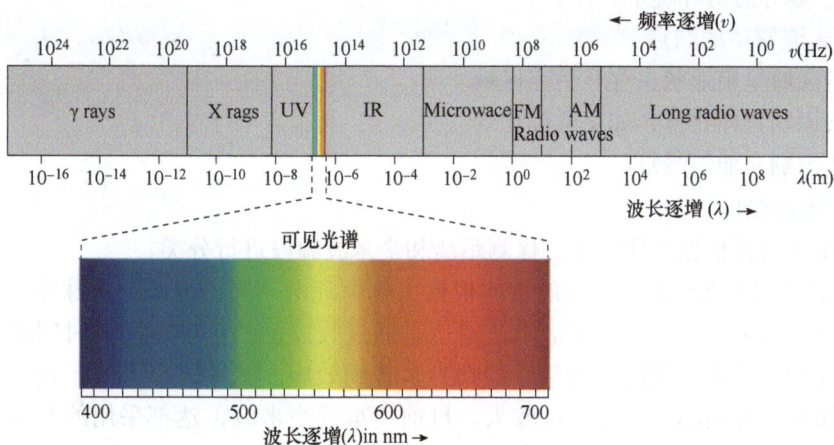

图 4-1　电磁波的波谱图

2. 毫米波雷达的组成

毫米波雷达由雷达天线罩、电磁屏蔽材料、射频前端、天线基板和底板等组成，如图 4-3 所示。

图 4-2　车载毫米波雷达

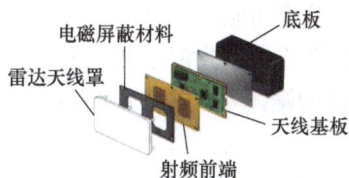

图 4-3　毫米波雷达的组成

毫米波雷达由发射机、接收机、信号处理器和天线组成，如图 4-4 所示。发射机发射射频电信号，该信号通过天线将会被转成电磁波信号发出，接收机将接收反射回的信号，通过信号处理机处理接收到的信号，可以从中得到被测物体的距离、速度和角度等信息。

3. 毫米波雷达的特点

（1）毫米波雷达的优点

1）探测距离远：最高可达 200m 以上。

2）探测性能好：不受颜色与温度的影响。

3）响应速度快：毫米波以光速传播，可快速提取目标物信息，时滞性小。

4）环境抗干扰性强：有较强穿透力，

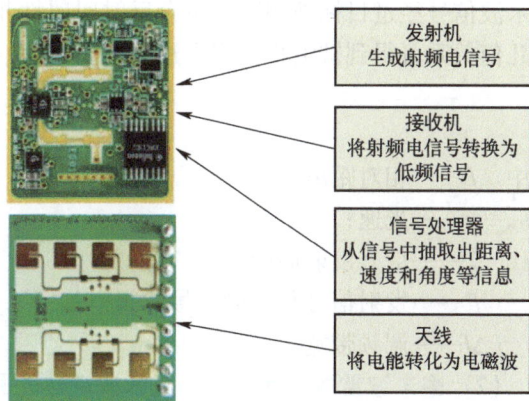

图 4-4　毫米波雷达内部模块的组成

能在雨、雪、雾等恶劣环境中工作。

（2）毫米波雷达的缺点

1）覆盖区域呈扇形状，存在盲点区域。

2）无法识别具体物体，如交通标识等。

3）无法识别交通信号灯。

4. 毫米波雷达的分类

毫米波雷达可以根据工作原理、探测距离和毫米波频段进行分类。

（1）根据工作原理分类　毫米波雷达根据工作原理的不同，可以分为脉冲式毫米波雷达和调频连续式毫米波雷达。脉冲式毫米波雷达是通过收发脉冲信号之间的时间差来计算测量距离，调频连续式毫米波雷达的测量原理则为多普勒效应。脉冲式毫米波雷达受技术和元器件等方面的影响，在实际中应用难度较大。目前，车载毫米波雷达都采用的是调频连续式毫米波雷达。

（2）根据探测距离分类　根据毫米波雷达的探测距离远近，毫米波雷达可分为短程（SRR，一般小于60m）、中程（MRR，一般为100m左右）和远程（LRR，一般大于200m）。

（3）根据毫米波频段分类　根据毫米波的频段不同，毫米波雷达可分为24GHz、60GHz、77GHz和79GHz。目前，主流的频段为24GHz和77GHz，其中，79GHz适合远距离探测。

24GHz频段的毫米波雷达检测距离有限，常用于检测距离较近的障碍物或车辆。在智能网联汽车中，此类雷达可用于盲点监测和变道辅助等功能。

77GHz频段的毫米波雷达的最大检测距离可达160m以上，因此，该雷达常被安装在智能网联汽车的前保险杠上，正对车辆的行驶方向。该类雷达的大探测距离可用于车辆的紧急制动和自适应巡航等功能。

79GHz频段的毫米波雷达和77GHz频段的毫米波雷达特点类似，也是用于长距离探测。与77GHz频段的毫米波雷达的区别在于，79GHz毫米波雷达的频率更高、波长短、分辨率更高。

5. 毫米波雷达的测量原理

毫米波雷达的测量原理主要分为测距原理、测速原理和方位角测量原理，下面将分别对这三个测量原理进行说明。

（1）毫米波雷达测距原理　毫米波雷达的测距原理是通过发射机发射连续毫米波信号，毫米波信号经过目标被测物体后会反射回属性相同、时间滞后 Δt 的信号，如图4-5所示。根据几何关系可得到被测物体到雷达的距离为

$$L = \frac{\Delta t c}{2} = \frac{cTf'}{4\Delta f}$$

式中　L——相对距离；

　　　c——光速；

　　　T——信号发射周期；

　　　f'——发射信号与反射信号的频率差；

　　　Δf——调频带宽。

（2）毫米波雷达测速原理　毫米波雷达的测速原理是利用多普勒效应，多普勒效应是指：物体辐射的波长会因为波源和观测者的相对运动而发生变化。在运动的波源前面时，波被压缩，波长变得较短，频率变得较高；在运动的波源后面时，会产生相反的效应。如图4-6所

示，一车辆朝着右侧观察者行驶，这时如果鸣笛，右侧观察者听到的频率会大于鸣笛时发出的频率；相反，对于左侧观察者，其听到的频率会小于鸣笛时发出的频率。

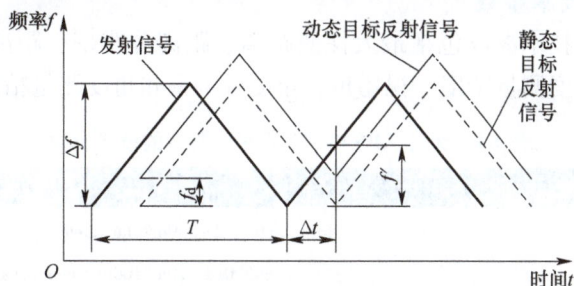

图 4-5　毫米波雷达测距、测速原理图

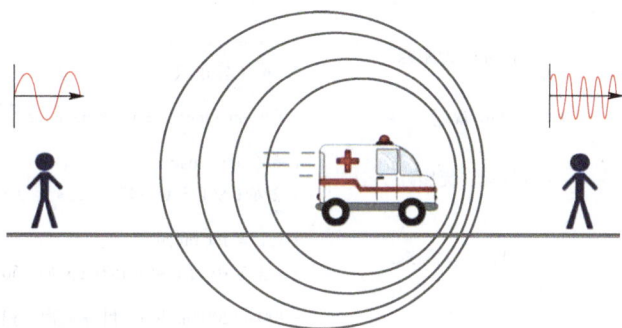

图 4-6　多普勒效应示意图

多普勒同样适用于电磁波，所以当毫米波雷达发出的电磁波碰到移动的探测目标时，在反射过程中就会产生多普勒效应。当目标向毫米波雷达天线靠近时，反射信号频率将高于发射机频率；反之，当目标远离天线而去时，反射信号频率将低于发射机频率。因此，毫米波雷达可以通过频率的改变程度计算出目标与雷达之间的相对速度信息。具体计算公式为

$$v = \frac{cf_d}{2f_0}$$

参照图 4-5 的毫米波雷达测距测速原理图，式中，v 为相对速度，f_d 为多普勒频率，f_0 为发射信号的中心频率。

（3）毫米波雷达方位角测量原理　毫米波雷达的方位角探测原理是：通过毫米波雷达的发射天线发射出毫米波后，遇到被监测物体，反射回来，通过毫米波雷达并列的接收天线，依据收到同一监测目标反射回来的毫米波的相位差，就可以计算出被监测目标的方位角了。其原理图如图 4-7 所示。

方位角 α_{Az} 是通过毫米波雷达接收天线 RX1 和接收天线 RX2 之间的几何距离 d，以

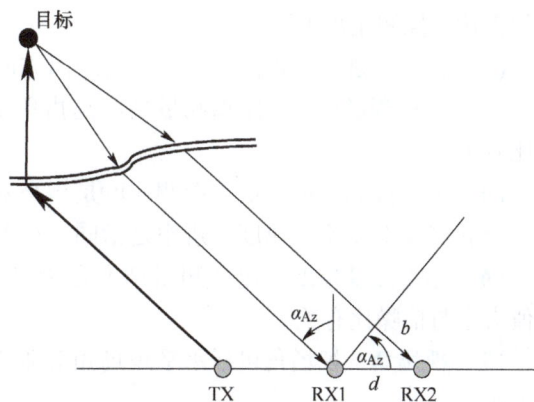

图 4-7　毫米波雷达方位角的测量原理图

及两根毫米波雷达天线所收到反射回波的相位差 b，然后通过三角函数计算得到方位角 α_{Az} 的值，这样就可以知道被监测目标的方位角了。

6. 毫米波雷达的技术参数

毫米波雷达的主要技术参数包括最大探测距离、距离分辨率、距离测量精度、最大探测速度、速度分辨率、速度测量精度、视场角、角度分辨率和角度测量精度等，见表4-1。

表 4-1　大陆 ARS408-21 毫米波雷达的技术参数

性能		参数
探测范围		±9°0.2~250m@ far range
		±45°0.2~70m/100m@ near range/far range
		±60°0.2~20m@ near range
探测距离分辨率	点目标，无跟踪	1.79m@ far range
		0.39m（静止状态0.2m）@ near range
探测距离测量精度	点目标，无跟踪	±0.4m@ far range
		0.1m（静止状态0.05m）@ near range
方位角	Fov 视场	±9°@ far range，±60°@ near range
方位角分辨率	点目标，无跟踪	1.6°@ far range
		3.2°@ 0°/4.5°@ ±45°/12.3°@ ±60°@ near range
方位角精度	点目标，无跟踪	±0.1°@ far range
		±0.3°@ 0°/±1°@ ±45°/±5°@ ±60°@ near range
速度范围		-400~4200km/h（-目标远离~+目标接近）
速度分辨率	目标的分辨能力	0.37km/h@ near range，0.43km/h@ far range
速度精度	点目标	±0.1km/h
灵敏度（min. RCS@ x m）		10m²@ 250m@ far range
		1m²@ 70m & 0°..±45°-1m²@ 10m & ±60°@ near range
周期时间		60ms
天线通道	微带天线	4tx/2x6rx=24 通道=2tx/6rx 远 2tx/6rx 近/数字波束合成

（1）**最大探测距离**　最大探测距离是指毫米波雷达能探测到的最大目标物距离，不同类型的雷达，探测距离不同。

（2）**距离分辨率**　距离分辨率是指距离方向上分辨两个目标的能力。

（3）**距离测量精度**　距离测量精度是指单个目标物的测量距离与实际距离的误差，与信噪比有关。

（4）**最大探测速度**　最大探测速度是指毫米波雷达能探测到的目标物的最大速度。

（5）**速度分辨率**　速度分辨率是指同一位置上区分两个移动目标的能力。

（6）**速度测量精度**　速度测量精度是指单个目标物的测量速度和实际速度之间的误差，该值大小与信噪比有关。

（7）**视场角**　视场角包括水平视场角和垂直视场角，表示毫米波雷达能探测到的角度范围大小。

（8）**角度分辨率**　角度分辨率是指在角度维度分辨相同位置、相同速度目标物的能力。

（9）角度测量精度 角度测量精度是指目标物的角度测量值和实际角度值的误差。

二、毫米波雷达标定测试

1. 测试条件

毫米波雷达的标定测试条件包括环境条件、供电要求和测试目标要求。

（1）环境条件

1）环境温度：-40~55℃。

2）环境相对湿度：20%~75%。

3）测试场地空间范围大于待测毫米波雷达的探测范围。

4）测试场地空旷、平坦、除待测雷达及探测目标外无其他任何反射物体。

（2）供电要求

1）测试电压：8~36V。

2）电流：大于或等于1A。

3）功率：不小于20W。

（3）测试目标要求 根据测试要求的不同，测试目标可以分为角反射器和雷达目标模拟器，如图4-8所示。

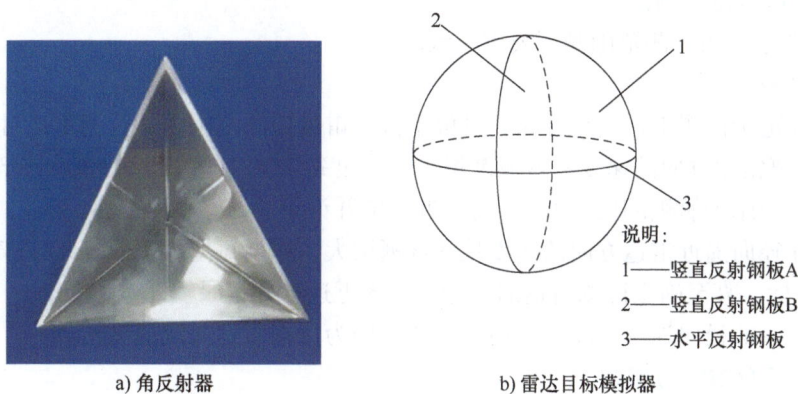

说明：
1——竖直反射钢板A
2——竖直反射钢板B
3——水平反射钢板

a) 角反射器　　　　　　　b) 雷达目标模拟器

图4-8 毫米波雷达测试目标

由于雷达目标模拟器和实际场地的限制，可以将测试场地划分为两个区域，如图4-9所示。

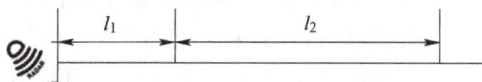

图4-9 毫米波雷达测试场地区域划分

图4-9中，l_1表示的是雷达目标模拟器的最小模拟距离，l_2表示的是实际测试场地的最大距离。当目标与毫米波雷达的距离小于l_1时，选择角反射器作为测试目标；当目标与毫米波雷达的距离大于l_2时，选择雷达目标模拟器作为测试目标；当目标与毫米波雷达的距离介于l_1和l_2之间时，可根据测试需求自由选择测试目标。

2. 功能测试

毫米波雷达的功能测试包括探测范围、速度探测范围、多目标分辨能力、距离测量精度、距离测量误差、角度测量精度、角度测量误差、速度测量精度、速度测量误差、探测率、漏检率、虚警率、发射机、电气特性测试等。

(1) 探测范围测试

1）测试要求。

① 目标距离范围为 0~400m，速度范围为径向靠近雷达 100m/s 至径向远离雷达 100m/s，角度范围为-90°~90°。

② 待测雷达对目标的探测率应满足其产品规范，若无明确产品规范，则需在测试要求中明确所采用的探测率（一般不低于 90%）。

2）测试方法。

① 目标区域的角度范围为 1-2A~1-2A∗，A 为产品规范规定的待测雷达的最小探测角度，A∗ 为产品规范规定的待测雷达的最大探测角度，目标区域的距离范围为 0.8Rθ~1-2Rθ，R 为产品规范规定的待测雷达在角度 θ 时的最大探测距离。

② 在目标区域内，确定目标与雷达间的角度 θ，确定目标在角度 θ 时的距离范围，目标在目标区域内径向远离雷达，目标每隔 0.1m，保持该状态 3s，等待雷达探测目标，直至找到角度 θ 下雷达的最大探测距离，在目标区域的角度范围中的每一度都重复上述步骤。

③ 最终每个角度的最大距离围成的一片封闭区域即为雷达的探测范围。

(2) 速度探测范围测试

1）测试要求。与探测范围测试要求一致。

2）测试方法。

① 目标固定于待测雷达法线方向并且位于待测雷达探测范围内，待测雷达对准目标中心，目标在径向远离雷达方向的速度从零逐渐增大，速度每增大 1m/s，保持该状态 3s，等待雷达探测目标，直至确定待测雷达的目标径向逼近速度并记录。

② 目标在径向逼近雷达方向的速度从零逐渐增大，速度每增大 1m/s，保持该状态 3s，等待雷达探测目标，直至确定待测雷达的目标径向逼近速度并记录。

③ 最终记录的径向逼近速度至径向远离速度即为待测雷达探测速度范围。

(3) 多目标分辨能力测试

1）测试要求。与探测范围测试要求一致。

2）测试方法。

① 距离分辨能力测试方法。

距离分辨能力是指在距离方向上毫米波雷达能区分前后两个目标的最小距离。如图 4-10 所示，目标 A 和目标 B 的 RCS（雷达散射截面面积）值相同，目标 A 和目标 B 位于待测雷达的相同径向角度方向上，目标 A 与待测雷达位于同一水平面，目标 B 比此水平面高 1m，使目标 A 对目标 B 不造成遮挡。目标 A 与雷达的距离为 l_3，目标 A 与目标 B 的距离为 l_4。测试过程中不断缩短 l_4 的距离，直至待测雷达分辨不出有两个目标，并记录下该距离，该距离就是距离的分辨能力。可分为两种工况进行测试：$l_3 = 30m$ 和 $l_3 = 80m$。

② 角度分辨能力测试方法。

角度分辨能力是指毫米波雷达能在同一水平方向上区分左右两个目标的能力。如图 4-11 所示，目标 A 和目标 B 的 RCS 雷达散射截面面积值相同，分别位于 C 点的两侧，目标 A、B 距离待测雷达都为 30m。以待测雷达为圆心，半径为 30m 画圆弧，目标 A、B 在该圆弧上向 C 点靠近，直至毫米波雷达不能分辨目标 A 和 B 为止，记录此时 A 和 B 之间圆弧所对应的角度，该角度就是雷达的角度分辨力。

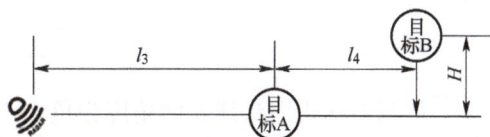

图 4-10　距离分辨能力测试场景

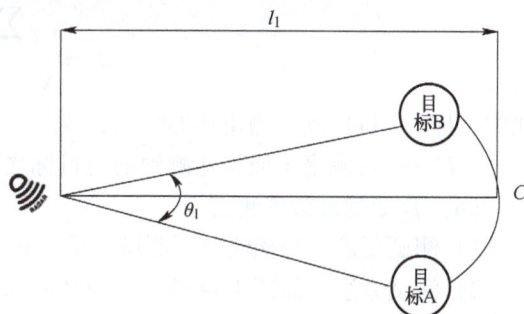

图 4-11　角度分辨能力测试场景

（4）距离测量精度测试

1）测试要求。与探测范围测试要求一致。

2）测试方法。如图 4-12 所示，在待测雷达法线方向上放置一个目标，确保目标距离在待测雷达测距范围内，待测雷达对准目标中心，目标沿待测雷达法线方向移动，每次移动 1m，目标移动 10 次。待测雷达每次探测距离值为 D_i，目标未移动时的初始探测距离为 D_0，目标第一次移动后的探测距离为 D_1，目标第二次移动后的探测距离为 D_2，以此类推，目标第 10 次移动后的探测距离为 D_{10}。

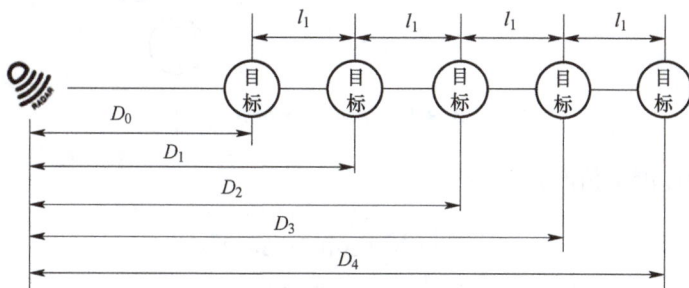

图 4-12　距离测量精度

待测雷达的距离测量精度 R_s 为：

$$R_s = \sqrt{\frac{\sum_{i=1}^{10} (\Delta D_i - \Delta d_i)^2}{10}}$$

（5）距离测量误差测试

1）测试要求。与探测范围测试要求一致。

2）测试方法。如图 4-13 所示，在待测毫米波雷达的法线方向上选取 $P_1 \sim P_{10}$ 10 个点，这 10 个点到待测毫米波雷达的距离分别为 $P_1 = 0.02L_{max}$、$P_2 = 0.03L_{max}$、$P_3 = 0.05L_{max}$、$P_4 = 0.07L_{max}$、$P_5 = 0.10L_{max}$、$P_6 = 0.20L_{max}$、$P_7 = 0.30L_{max}$、$P_8 = 0.50L_{max}$、$P_9 = 0.70L_{max}$、$P_{10} = L_{max}$。L_{max} 为待测毫米波雷达的最大探测距离。

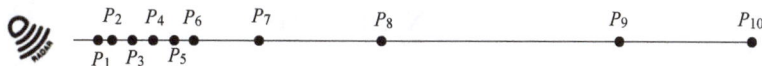

图 4-13　距离测量误差

最终，待测毫米波雷达的距离误差为

$$R_e = \sqrt{\dfrac{\sum\limits_{i=1}^{10} (L_i - L'_i)^2}{10}}$$

式中　L_i——目标到待测雷达的距离；

　　　L'_i——待测毫米波雷达测到的与目标之间的距离。

（6）角度测量精度测试

1）测试要求。与探测范围测试要求一致。

2）测试方法。如图 4-14 所示，以待测雷达为原点，待测雷达正向法线左侧角度为负，正向法线右侧角度为正，建立坐标系。在待测雷达法线方向放置一个目标，待测雷达对准目标中心，目标与待测雷达相距 d，以 d 为半径，待测雷达为圆心作圆弧，目标沿该圆弧一个方向运动，目标始终位于待测雷达探测范围内，每次角度改变 1°，目标移动 10 次。

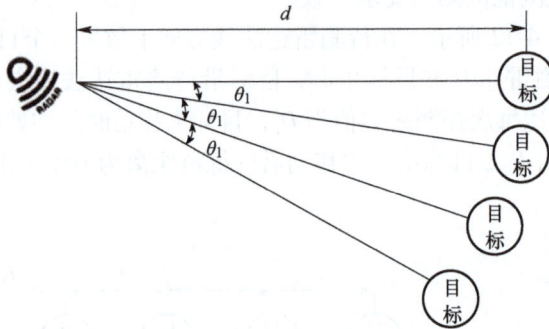

图 4-14　角度测量精度

最终，可得角度测量精度为

$$A_s = \sqrt{\dfrac{\sum\limits_{i=1}^{9} (\Delta\Phi_i - \Delta\phi_i)^2}{9}}$$

式中　　　A_s——待测毫米波雷达的角度测量精度；

$\Delta\Phi_i = \Phi_{i+1} - \Phi_i$——待测雷达探测角度差；

　　　　$\Delta\phi_i$——目标移动角度差。

（7）角度测量误差测试

1）测试要求。与探测范围测试要求一致。

2）测试方法。如图 4-15 所示，以待测雷达为原点，待测雷达法线左侧角度为负，法线右侧角度为正。在待测雷达探测范围内选取 $Q_1 \sim Q_{20}$ 20 个点放置目标，待测雷达对准目标中心，20 个点逐一测角。选取点与待测雷达之间的角度为：$Q_1 = 0.1A_{max}$、$Q_2 = 0.2A_{max}$、$\cdots$、$Q_9 = 0.9A_{max}$、$Q_{10} = A_{max}$、$Q_{11} = -0.1A_{max}$、$Q_{12} = -0.2A_{max}$、$\cdots$、$Q_{20} = -A_{max}$。其中，A_{max} 为待测毫米波雷达的最大探测角度的 1/2。

最终，可得待测毫米波雷达的角度测量误差为

$$A_e = \sqrt{\dfrac{\sum\limits_{i=1}^{20} (A_i - A'_i)^2}{20}}$$

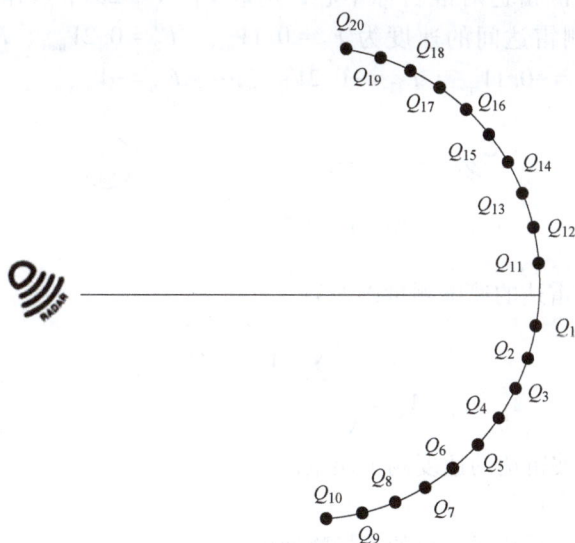

图 4-15　角度测量误差

式中　A_e——待测毫米波雷达的角度测量误差；

　　　A_i——目标到待测毫米波雷达的角度；

　　　A_i'——待测毫米波雷达测得的到目标的角度。

（8）速度测量精度测试

1）测试要求。与探测范围测试要求一致。

2）测试方法。如图 4-16 所示，在待测雷达法线方向上放置一个目标，确保目标距离在待测雷达测距范围内，待测雷达对准目标中心，改变目标速度，目标速度始终在待测雷达速度范围内，速度每次改变 1m/s，速度改变 10 次，待测雷达每次探测速度值为 S_i，目标速度未改变时的初始探测速度为 S_0，目标第一次速度改变后的探测速度为 S_1，目标第二次速度改变后的探测速度为 S_2，以此类推，目标第 10 次速度改变后的探测速度为 S_{10}。

图 4-16　速度测量精度

最终，待测毫米波雷达的速度测量精度为

$$V_s = \sqrt{\frac{\sum_{i=1}^{10}(\Delta S_i - \Delta s_i)^2}{10}}$$

式中　　　V_s——待测毫米波雷达的速度测量精度；

$\Delta S_i = S_{i+1} - S_i$——第 i 次的探测速度差；

　　　Δs_i——第 i 次目标改变的速度差。

（9）速度测量误差测试

1）测试要求。与探测范围测试要求一致。

2）测试方法。如图 4-17 所示，在待测雷达法线方向上放置一个目标，确保目标距离在待测雷达测距范围内，待测雷达对准目标中心，选取 $F_1 \sim F_{20}$ 20 个点作为目标速度，20 点逐一测速。选取点与待测雷达间的速度为 $F_1 = 0.1V_{max}$、$F_2 = 0.2V_{max}$、$F_3 = 0.3V_{max}$、$\cdots$、$F_9 = 0.9V_{max}$、$F_{10} = V_{max}$、$F_{11} = -0.1V_{max}$、$F_{12} = -0.2V_{max}$、$\cdots$、$F_{20} = -V_{max}$。

图 4-17　速度测量误差

最终，待测毫米波雷达的速度测量误差为

$$V_e = \sqrt{\frac{\sum_{i=1}^{20} (V_i - V_i')^2}{20}}$$

式中　V_e——待测毫米波雷达的速度测量误差；

　　　V_i——目标物速度；

　　　V_i'——待测毫米波雷达所测得的目标物速度。

（10）探测率和漏检率测试

1）测试要求。目标位于待测雷达探测范围内，目标速度在待测雷达探测速度范围内，待测雷达对准目标中心，按产品规范规定的工作频率和连续工作时间进行探测目标测试，待测雷达应有效探测 200 次，记录探测结果。除外部原因造成的异常探测结果不计入有效探测次数外，其他情况出现的异常探测结果，均计为有效探测结果次数。每次探测中，若待测雷达探测到正确的目标，则此次探测记为正确，否则将此次探测记为漏检。

2）测试方法。待测毫米波雷达的探测率为

$$P_d = \frac{N_d}{200} \times 100\%$$

式中　P_d——探测率；

　　　N_d——待测毫米波雷达的正确探测次数。

漏检率为

$$P_m = \frac{N_m}{200} \times 100\%$$

式中　P_m——漏检率；

　　　N_m——待测毫米波雷达的漏检次数。

（11）虚警率测试

1）测试要求。待测雷达置于开阔场地或消声暗室中，确保此环境中无任何目标干扰，按产品规范规定的工作频率和连续工作时间进行探测目标测试，待测雷达应有效探测 200 次，记录探测结果，除外部原因造成的异常探测结果不计入有效探测次数外，其他情况出现的异常探测结果均计为有效探测结果次数。每次探测中，若待测雷达探测到目标，则此次探测记为虚警。

2）测试方法。待测毫米波雷达的虚警率为

$$P_f = \frac{N_f}{200} \times 100\%$$

式中　P_f——虚警率；

N_f——待测毫米波雷达的虚警探测次数。

（12）发射机测试　发射机测试包括峰值功率、平均功率、发射信号带宽和带外杂散等。

1）测试要求。发射机的测试都是在暗室中完成的，如图 4-18 所示。测试设备的接收天线位于待测毫米波雷达法线方向 5m 处，并且发射机的测试校核标准要符合规定。图 4-19 所示为校核装置示意图。

图 4-18　毫米波雷达测试暗室

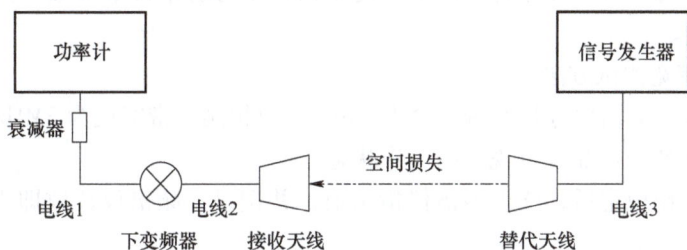

图 4-19　校核装置示意图

在图 4-19 的校核装置示意图中主要包括功率计、信号发生器、接收天线和替代天线等。在发射机的测试中，接收天线用于接收待测毫米波雷达的发射信号，并将该信号连接到功率计。发射机校核的步骤如下：

① 使用常规校准程序校准所有仪器。

② 将待测雷达从测试夹具上移除，用替代天线替换待测雷达，并将测试夹具中的替代天线朝向接收天线。替代天线的参考平面应与待测雷达参考平面一致，替代天线与接收天线之间的距离为暗室的距离。

③ 将信号发生器连接到替代天线。

④ 将一个 10dB 的衰减器连接到功率计上，以改善驻波比。如果测试装置的信噪比低，则可以省略衰减器。

⑤ 将信号发生器的频率和功率调整到与待测雷达输出相同的值，将此信号应用于校准。

⑥ 记录功率计输入信号的绝对读数。

⑦ 待测雷达参考平面到功率计的总衰减为

$$C_a = P_{set} + G_{tx} - P_{read}$$

式中　C_a——功率校准参数；

　　　P_{set}——信号源设置的输出功率；

G_{tx}——替代天线的增益；

P_{read}——功率计读取的输入功率。

2）测试方法。

① 峰值功率测试方法。

a. 校准功率计，并将功率计设为峰值功率模式。

b. 根据待测雷达产品规范中的峰值功率设置功率计相应的量程档。

c. 将待测雷达调至产品规范规定的工作状态。

d. 测试系统工作稳定后，读出功率计指示值，并记录。

e. 功率计读数加上 C，即为待测雷达峰值功率值，C 为功率校准参数，其计算方法见发射机校核步骤的公式。

② 平均功率测试方法。

a. 校准功率计，并将功率计设为平均功率模式。

b. 根据待测雷达产品规范中的平均功率设置功率计相应的量程档。

c. 将待测雷达调至产品规范规定的工作状态。

d. 测试系统工作稳定后，读出功率计指示值，并记录。

e. 功率计读数加上 C，为待测雷达平均功率值，C 为功率校准参数，其计算方法见发射机校核步骤的公式。

③ 发射信号带宽测试方法。

a. 校准频谱仪，频谱仪分辨率带宽设为1MHz，视频测量带宽设为3MHz。

b. 将待测雷达调至产品规范规定的工作状态。

c. 测试系统工作稳定后，读出频谱仪指示值，并记录，频谱仪读数即为待测雷达发射信号带宽值。

④ 带外杂散测试方法。

a. 校准频谱仪，频谱仪分辨率带宽设为1MHz，视频测量带宽设为3MHz。

b. 将待测雷达调至产品规范规定的工作状态。

c. 测试系统工作稳定后，分别读出频谱仪上波形图带宽外左右两侧杂散信号的功率，并记录，频谱仪读数即为待测雷达发射信号左右两侧的带外杂散值。

(13) 电气特性测试 电气特性测试主要包括静默电流、工作电流和工作电压范围测试。其中，静默电流测试是将待测雷达处于静默状态，将雷达电源与数字万用表连接，测得静默电流。

工作电流测试是指：对待测雷达进行有效供电，使雷达处于正常工作状态，将雷达电源与数字万用表连接，测得工作电流。

工作电压范围测试是指：对待测雷达正常供电，并将电源电压从 6V 逐渐增加到 32V，记录待测雷达正常工作状态下的最小电压和最大电压。

三、毫米波雷达的应用

1. 自适应巡航系统

如图 4-20 所示，自适应巡航系统（ACC）可实现车辆的自主跟车行驶和定速巡航行驶。若自车前方没有可跟车车辆，此时自车将按照定速巡航驾驶；若自车前方有可跟车车辆，自车将会通过控制加速和制动等跟随前车的速度行驶。

自适应巡航系统的工作原理是：车辆通过传感器（毫米波雷达等）探测前方车辆的距离和速度等信息，同时结合驾驶人所设置的巡航速度和跟车距离等信息，代替驾驶人控制车辆的加速和减速等操作，使车辆保持安全距离行驶。在保证安全的同时，减轻了驾驶人的工作量，提高了驾驶舒适性。

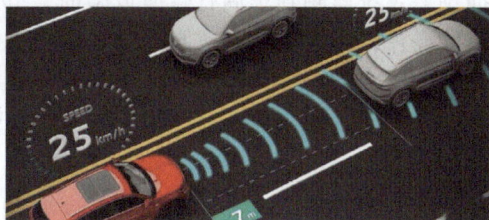

图 4-20　自适应巡航系统

2. 自动紧急制动系统

自动紧急制动系统（AEB）是一种汽车主动安全技术，主要由三大模块构成，包括控制模块（ECU）、测距模块和制动模块。其中，测距模块的核心包括微波雷达、人脸识别技术和视频系统等，它可以提供前方道路安全、准确、实时的图像和路况信息。

如图 4-21 所示，自动紧急制动系统一般采用毫米波雷达测出与前车或者障碍物的距离，然后利用数据分析模块将测出的距离与警报距离、安全距离进行比较，小于警报距离时就进行警报提示，而小于安全距离时即使在驾驶人没有来得及踩制动踏板的情况下，自动紧急制动系统也会启动，使汽车自动制动，从而为安全出行保驾护航。

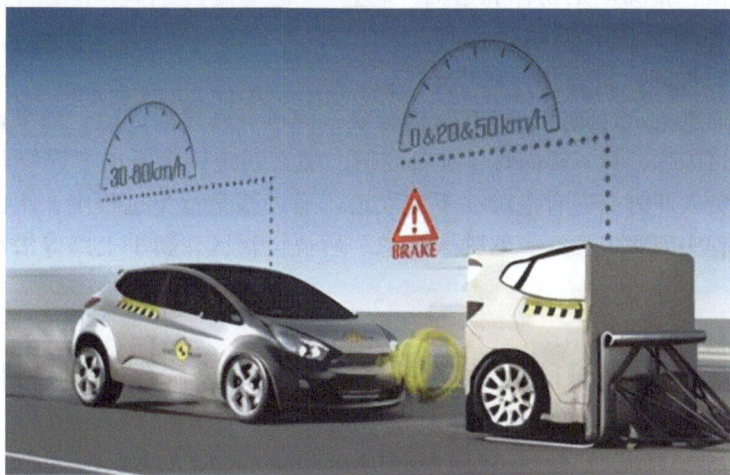

图 4-21　自动紧急制动系统

3. 前方碰撞预警系统

前方碰撞预警系统，一般是通过毫米波雷达系统来时刻监测前方车辆，判断本车与前车之间的距离、方位及相对速度，当存在潜在碰撞危险时，对驾驶人进行警告，常见的警告措施包括仪表盘变红闪烁、车内"嘀嘀嘀"鸣响等。前方碰撞预警系统本身不会采取任何制动措施去避免碰撞或控制车辆，如图 4-22 所示。

通常情况下，前方碰撞预警系统会和自动紧急制动系统配合使用，当车辆前方

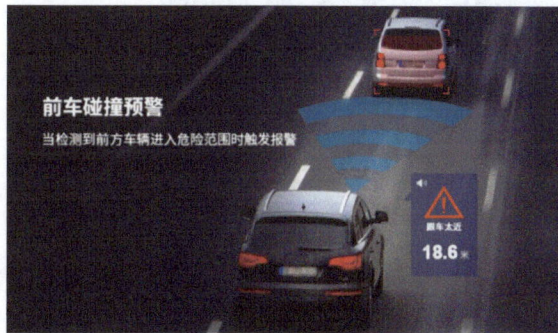

图 4-22　前方碰撞预警系统

碰撞预警系统监测到车辆有碰撞危险时，并向驾驶人发出了警告信息，但驾驶人并未及时做出避撞操作，此时自动紧急制动系统就会工作，帮助驾驶人紧急避撞。

4. 盲区监测系统

由于汽车后视镜存在视觉盲区，变道之前就看不到盲区的车辆，如果盲区内有超车车辆，此时变道就会发生碰撞事故。在大雨天气、大雾天气、夜间光线昏暗，更加难以看清后方车辆，此时变道就面临更大的危险。盲区监测系统就是为了解决后视镜的盲区而产生的，它的主要功能是扫除后视镜盲区，通过毫米波雷达探测车辆两侧的后视镜盲区中的超车车辆，对驾驶人进行提醒，从而避免在变道过程中由于后视镜盲区而发生事故。

盲点监测系统的基本原理图如图 4-23 所示：通过在汽车后保险杠内安装两个 24GHz 毫米波雷达传感器，在车辆行驶速度超过 10km/h 时自动启动，实时向左右 3m、后方 8m 范围发出探测微波信号，系统对反射回的微波信号进行分析处理，即可知后面车辆距离、速度和运动方向等信息，通过系统算法，排除固定物体和远离的物体，当探测到盲区内有车辆靠近时，指示灯闪烁，此时驾驶人看不到盲区内的

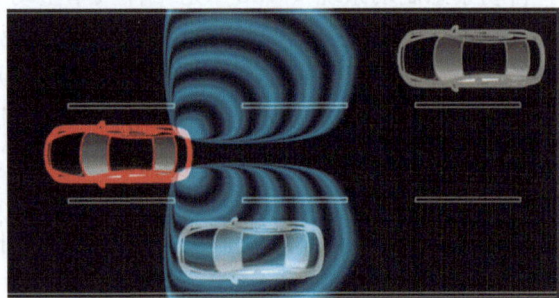

图 4-23　盲点监测系统的基本原理图

车辆，但是也能通过指示灯知道后方有车辆驶来，变道有碰撞的危险，如果此时驾驶人仍然没有注意到指示灯闪烁，打了转向灯，准备变道，那么系统就会发出"哔哔哔"的语音警报声，再次提醒驾驶人此时变道有危险，不宜变道。通过整个行车过程中，不间断地探测和提醒，防止行车过程中因恶劣天气、驾驶人疏忽、后视镜盲区、新手上路等潜在危险而造成交通事故。

5. 变道辅助系统

变道辅助系统的原理同盲区监测系统的原理相似，该系统在盲区监测的基础上还包括变道预警和后向碰撞预警功能。该系统能够帮助驾驶人掌握最佳变道时机，提高变道的安全性。

以列表的形式对智能网联汽车上毫米波雷达的应用做了一个小结，具体见表 4-2。

表 4-2　毫米波雷达应用总结

毫米波雷达的类型		短程雷达	中程雷达	远程雷达
工作频段/GHz		24	77	77
探测距离		小于60m	100m 左右	大于200m
功能	自适应巡航系统		前方	前方
	前方碰撞预警系统		前方	前方
	自动紧急制动系统		前方	前方
	盲区监测系统	侧方	侧方	
	变道辅助系统	后方	后方	

以 2019 款的日产轩逸 B18 作为试验操作对象，汽车车型的毫米波雷达校准方法与本方法大致相似，可能存在校准工具不同，操作步骤类似。

1. 毫米波雷达需要校准的情况

1）毫米波雷达传感器松动或存在更换的情况。

2）安装毫米波雷达的保险杠支架松动或存在更换的情况。

3）毫米波雷达传感器锁定支架松动或拆卸。

4）车辆悬架几何发生变化。

5）车辆前部内的后端受到外力攻击碰撞。

2. 注意事项

1）进行毫米波雷达调整时，车辆必须置于水平地面上，胎压正常，四轮定位正常。

2）调试校准空间宽敞。

3）拆下毫米波雷达挡板。

4）务必根据设备提示信息步骤正确放置标靶。

5）新轩逸 B18 必须用日产 16+32 转接线，如图 4-24 所示，连接网关控制单元。

3. 试验设备要求

元征 PRO 系列、PAD 系列所有产品+元征 ADAS 校准设备+日产 16+32 转接线。

4. 试验操作步骤

1）找到网关控制单元，拔掉网关控制单元连接线，连接日产 16+32 转接线，如图 4-25 所示。

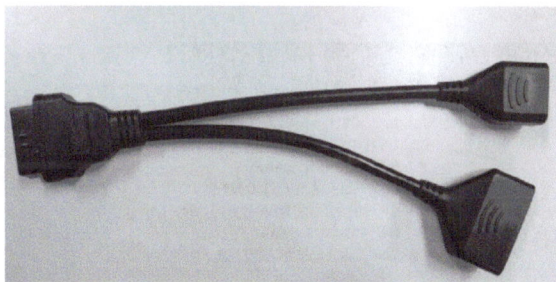

图 4-24　日产 16+32 转接线

图 4-25　连接网关控制单元示意图

2）打开汽车起动开关，连接好元征设备，选择日产（NISSAN）车型软件 V44.75 及以上版本，进入以下菜单界面，并选择"自动搜索"，确定车型后，进入图 4-26 所示的主菜单界面。

3）确定好车型后，单击"确定"，进入功能菜单界面，依次选择"系统选择""激光/雷达""读故障码"；若存在毫米波雷达故障，此步骤会读到如"C2581-78"的故障码。之后继续选择"工作支持""毫米波雷达调整"和"ADAS Mobile"，此时会得到图 4-27 所示的显示界面。

4）选择"确定"，如图 4-28 所示。

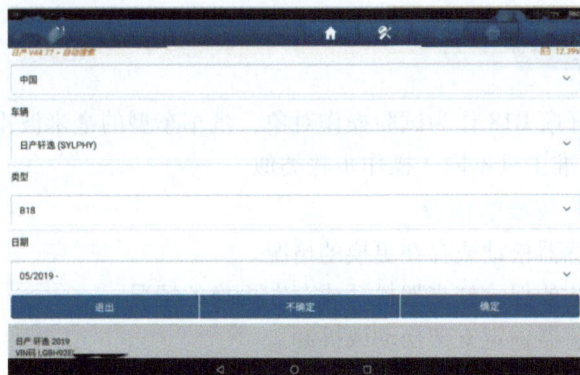

图 4-26 主菜单界面示意图

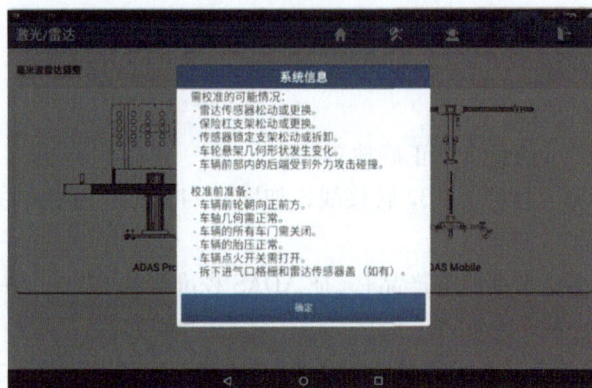

图 4-27 界面显示

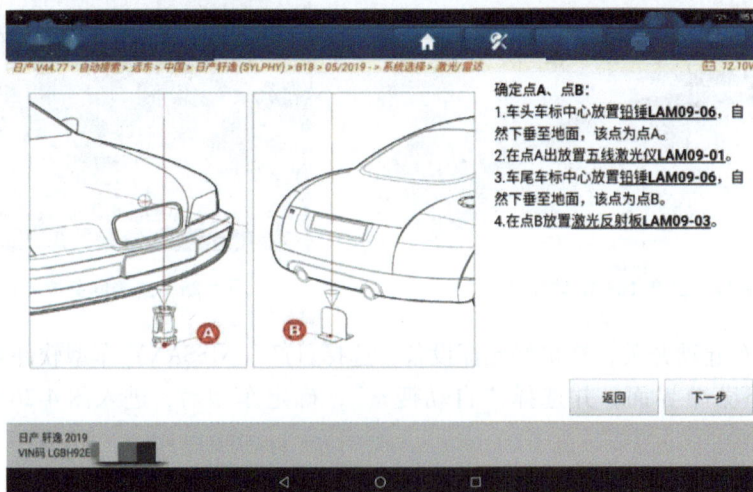

确定点A、点B：
1.车头车标中心放置铅锤LAM09-06，自然下垂至地面，该点为点A。
2.在点A出放置五线激光仪LAM09-01。
3.车尾车标中心放置铅锤LAM09-06，自然下垂至地面，该点为点B。
4.在点B放置激光反射板LAM09-03。

图 4-28 界面显示图

5）继续选择"下一步"，如图 4-29 所示。

6）继续选择"下一步"，直到显示图 4-30 所示的界面。

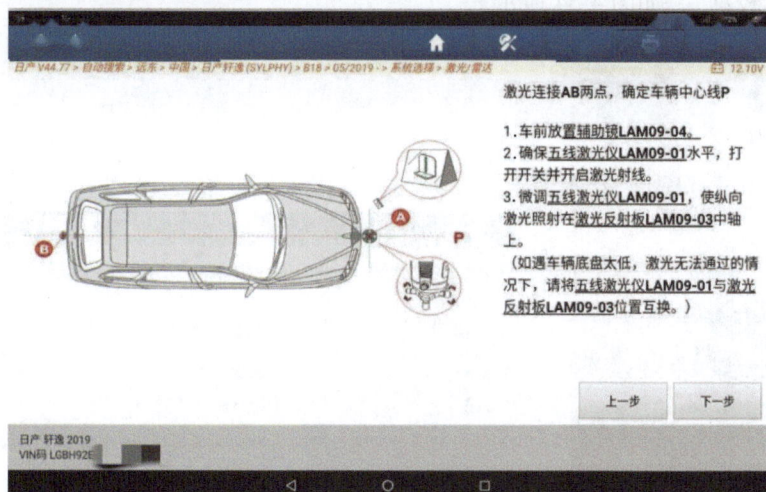

图 4-29　标定物摆放示意图

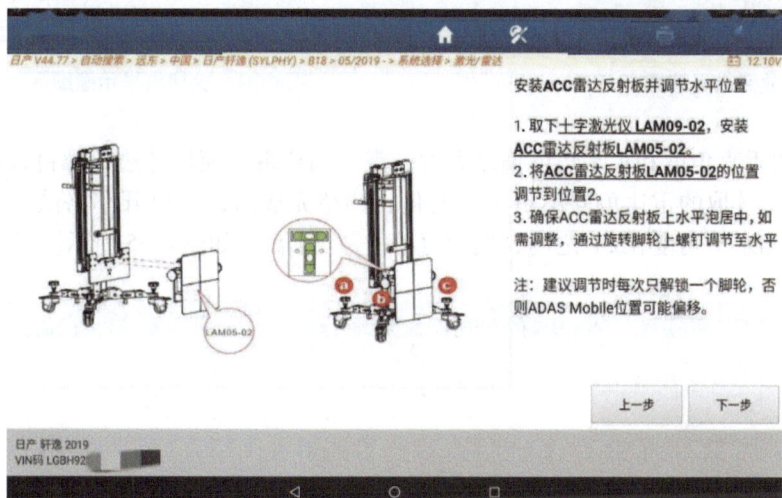

图 4-30　雷达反射板调节示意图

7）继续选择"下一步"，完成后按照之前界面提示的方法摆放好标靶，具体如图 4-31～图 4-33 所示。

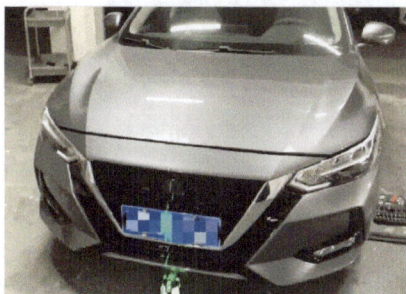

图 4-31　标靶摆放完成示意图（一）

图 4-32　标靶摆放完成示意图（二）

8）选择"校准"，如图 4-34 所示。

图 4-33 标靶摆放完成示意图（三）

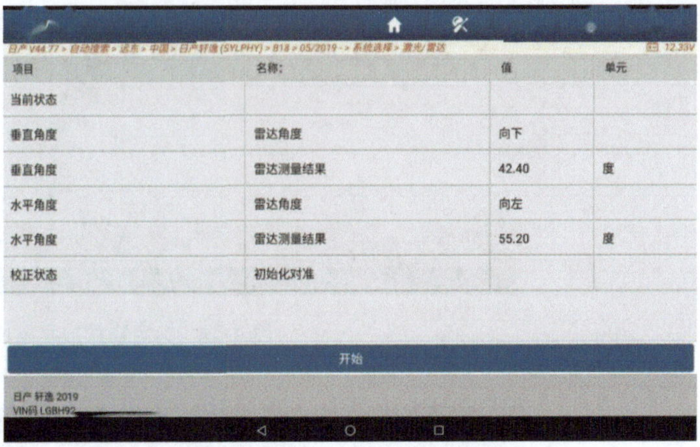

图 4-34 校核结果示意图

9）雷达的垂直角度和水平角度偏差太大，需要调整雷达模块旁边的螺钉，注意：调整雷达角度时，这里读取的雷达角度不是实时变化，调整完成后，需要开车路试一下，直到调整雷达垂直角度和水平角度在±4°之内，然后再单击"开始"，如图 4-35 所示。

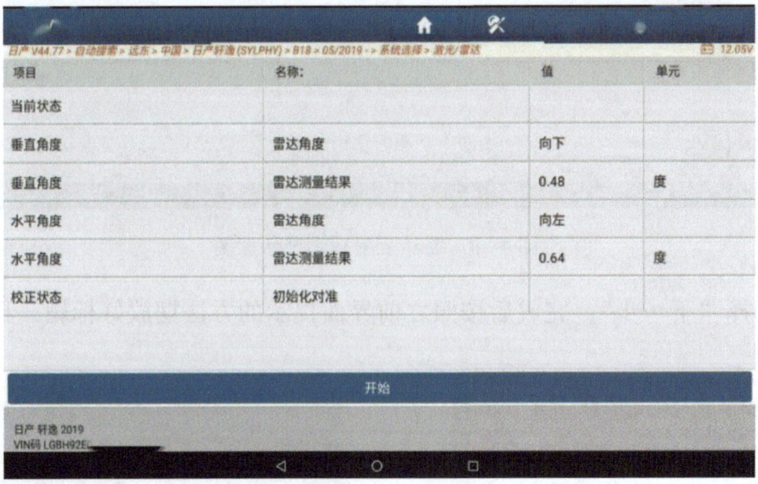

图 4-35 校核过程界面示意图（一）

10）选择"开始"，如图 4-36 所示。

11）选择"确定"，得到图 4-37 所示界面。

12）继续选择"下一步"，显示校正完成，再次读取故障码，若校准成功会得到图 4-38 所示界面。

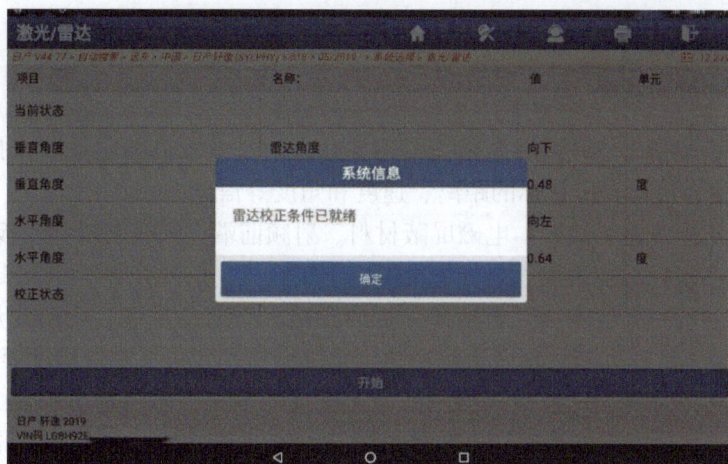

图 4-36　校核过程界面示意图（二）

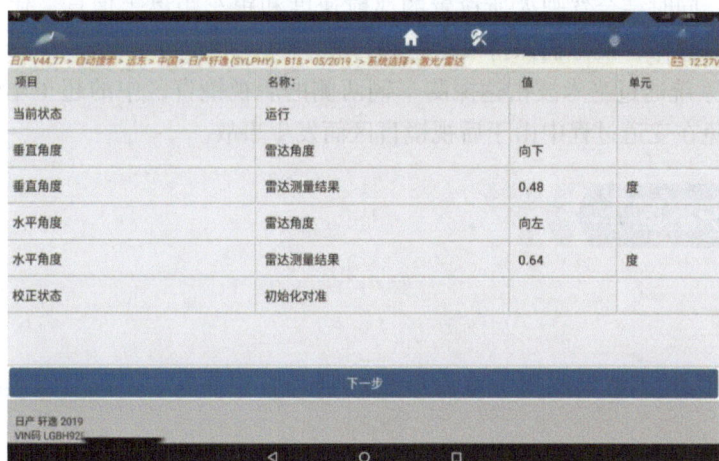

图 4-37　校核过程界面示意图（三）

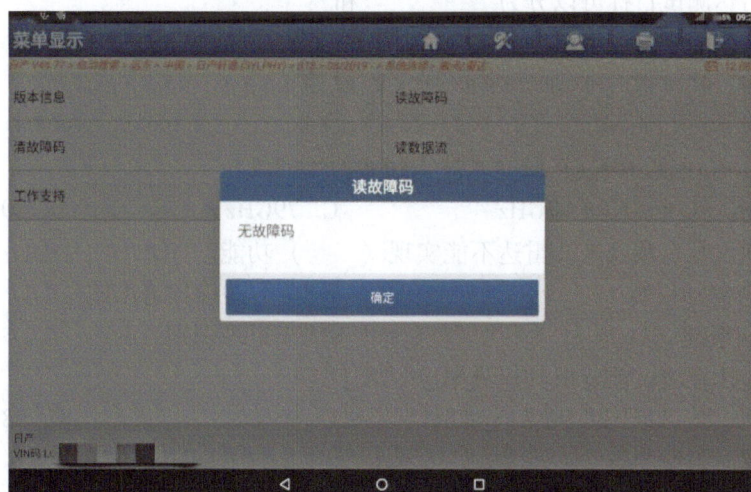

图 4-38　校核完成界面示意图

【学习小结】

1. 毫米波雷达是指工作频率在毫米波段的雷达，通过收发高频电磁波来探测目标，信号处理器通过回波信号可计算出目标的距离、速度和角度等信息。

2. 毫米波雷达由雷达天线罩、电磁屏蔽材料、射频前端、天线基板和底板等组成。

3. 毫米波雷达根据功能模块可以分为发射机、接收机、信号处理器和天线。

4. 毫米波雷达的主要技术参数包括最大探测距离、距离分辨率、距离测量精度、最大探测速度、速度分辨率、速度测量精度、视场角、角度分辨率和角度测量精度等。

5. 毫米波雷达的功能测试包括探测范围、速度探测范围、多目标分辨能力、距离测量精度、距离测量误差、角度测量精度、角度测量误差、速度测量精度、速度测量误差、探测率、漏检率、虚警率、发射机、电气特性测试等。

6. 自适应巡航系统的工作原理是：车辆通过传感器（毫米波雷达等）探测前方车辆的距离和速度等信息，同时结合驾驶人所设置的巡航速度和跟车距离等信息，代替驾驶人控制车辆的加速和减速等操作，使车辆保持安全距离行驶。

7. 盲区监测系统通过毫米波雷达探测车辆两侧的后视镜盲区中的超车车辆，对驾驶人进行提醒，从而避免在变道过程中由于后视镜盲区而发生事故。

【知识巩固】

一、填空题

1. 毫米波雷达由雷达天线罩、电磁屏蔽材料、射频前端、_____和_____等组成。

2. 毫米波雷达的测速原理是根据_____效应。

3. 根据探测距离，毫米波雷达可以分为_____、_____、_____。

4. 毫米波雷达测试目标可以分为_____和_____。

5. 毫米波雷达的测试环境温度要求为_____。

二、选择题

1. 以下（　　）频段不是车载毫米波雷达的使用频段。

A. 24GHz　　　　　　B. 77GHz　　　　　　C. 79GHz　　　　　　D. 80GHz

2. 智能网联汽车车载毫米波雷达不能实现（　　）功能。

A. 自动紧急制动系统　　　　　　　　B. 前方碰撞预警系统

C. 盲区监测系统　　　　　　　　　　D. 车道现识别

3. 毫米波雷达在测试前要求其探测率应不低于（　　）。

A. 85%　　　　　　　B. 90%　　　　　　　C. 95%　　　　　　　D. 98%

4. 自适应巡航系统的英文缩写是（　　）。

A. CACC　　　　　　B. ACC　　　　　　　C. FCW　　　　　　　D. BSM

5. 智能网联汽车盲区监测系统所用的毫米波雷达频率多为（　　）。

A. 24GHz　　　　　　　B. 60GHz　　　　　C. 77GHz　　　　　　　D. 79GHz

6. （　　）不是毫米波雷达在智能网联汽车上的应用。

A. 自适应巡航系统　　　　　　　　　　B. 自动紧急制动系统

C. 驾驶人疲劳监测系统　　　　　　　　D. 变道辅助系统

三、简答题

1. 简述毫米波雷达的优缺点。

2. 什么是多普勒效应？

3. 毫米波雷达标定测试的测试目标都有哪些？

4. 简述毫米波雷达标定测试中的功能测试都有哪些（最少说出 5 种）。

5. 请列举毫米波雷达在智能网联汽车中的具体应用。

项目五

激光雷达标定及应用

陈先生驾驶一辆新能源汽车与一辆小轿车发生剐蹭。由于双方车速都不快，陈先生的新能源汽车只是左前照灯和前照灯下的保险杠等处有一些较轻微的剐蹭和变形松动。

双方走保险定损后确定的维修价格却让陈先生大吃一惊，预估的总费用达到了 19022 元，其中，最贵的是车左前角的一个激光雷达，更换原厂件价格是 8916 元。

激光雷达到底是什么？为何如此昂贵？原来，激光雷达是一种更精准、识别范围更大、能实现立体建模的智能感知设备，此前更多应用于军工领域。近年来，随着自动驾驶技术的普及，车头、车身开始安装越来越多的摄像头当作"汽车之眼"。在光线不足和雨雪天气，摄像头识别能力大大下降，这时就需要添加雷达作为识别补充。

激光雷达是智能网联汽车环境感知传感器的发展趋势，能够确保无人驾驶的安全冗余性，本项目主要介绍激光雷达的相关基本知识、激光雷达的标定测试以及激光雷达的应用。

【学习目标】

知识目标	技能目标	素养目标
1. 掌握智能网联汽车激光雷达的定义、组成以及特点等基本知识 2. 掌握智能网联汽车激光雷达与摄像头联合标定测试的相关坐标系以及坐标系之间的转换关系 3. 掌握激光雷达在智能网联汽车上的具体应用场景，包括障碍物分类、障碍物跟踪、车道标志线检测和高精度定位等	1. 掌握智能网联汽车激光雷达的测量原理，包括三角测距法、飞行时间法和调幅连续波测距法 2. 掌握激光雷达与摄像头的联合标定方法 3. 掌握目前主要车载激光雷达的配置及相关车型介绍	1. 培养学生自主学习的能力 2. 培养学生对标定测试的严谨性

【理论知识】

一、激光雷达

1. 激光雷达的定义

激光雷达（LIDAR-Light Detected And Ranging）是一套复杂的光机系统，它结合了光源、光电探测等技术，有时还包括计算机图像处理技术，能够同时获得方位、俯仰角度、距离和强度等信息，特别适合用于森林结构的估计、城市建设、工业、农业和航空航天等领域。

激光雷达在智能网联汽车的应用上根据线束的多少不同，其功能也不一样。少线束的激光雷达主要应用于驾驶辅助系统上，多线束的激光雷达主要应用于 3D 地图、道路识别、车辆识别等。图 5-1 所示分别为车载激光雷达和激光雷达线束示意图。

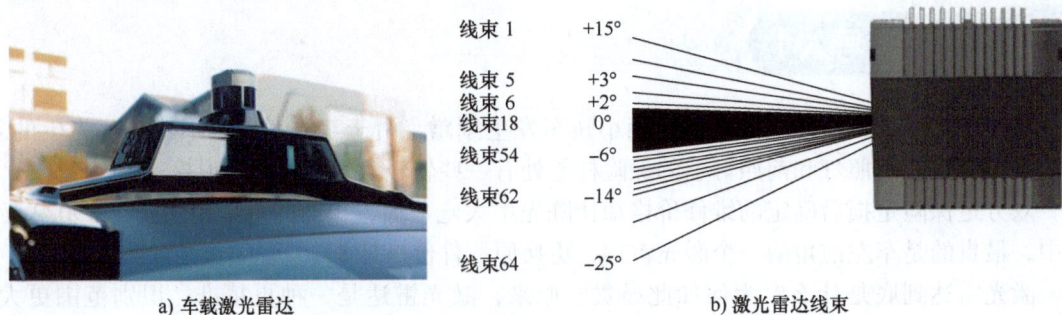

线束 1   +15°
线束 5   +3°
线束 6   +2°
线束18   0°
线束54   −6°
线束62   −14°
线束64   −25°

a) 车载激光雷达   b) 激光雷达线束

图 5-1　车载激光雷达和激光雷达线束示意图

2. 激光雷达的组成

从激光雷达的工作来看，主要分成激光发射系统、扫描系统、激光接收系统和信息处理系统四大部分，如图 5-2 所示。

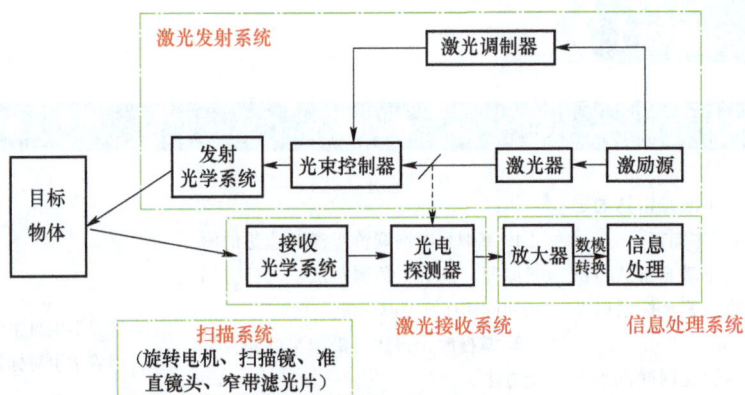

图 5-2　激光雷达的组成

（1）**激光发射系统**　激励源周期性地驱动激光器，发射激光脉冲，激光调制器通过光束控制器控制发射激光的方向和线数，最后通过发射光学系统，将激光发射至目标物体。

（2）**扫描系统**　扫描系统以稳定的转速旋转起来，实现对所在平面的扫描，并产生实时的平面图信息。

（3）**激光接收系统**　激光接收部分经接收光学系统，光电探测器接收目标物体反射回来的激光，产生接收信号。

（4）**信息处理系统**　接收信号经过放大处理和数模转换，经由信息处理模块计算，获取目标表面形态和物理属性等特性，最终建立物体模型。

激光雷达本身结构的复杂性和核心部件的高价格决定激光雷达短期价格高，尤其是机械式激光雷达价格短期较高。目前，搭载激光雷达的智能网联汽车多为价格较贵的车型。

3. 激光雷达的特点

激光雷达是智能网联汽车发展到更高级别自动驾驶（L4 级及以上）的必备传感器之一，其主要的特点如下：

（1）**激光雷达的优点**

1）分辨率高。激光雷达可以获得极高的角度、距离和速度分辨率。通常，角分辨率不低于 0.1mrad，也就是说，可以分辨 3km 距离上相距 0.3m 的两个目标（这是微波雷达无论如何也办不到的），并可同时跟踪多个目标；距离分辨率可达 0.1m；速度分辨率能达到 10m/s 以内。距离和速度分辨率高，意味着可以利用距离—多普勒成像技术来获得目标的清晰图像。分辨率高，是激光雷达最显著的优点，其多数应用都是基于此。

2）抗干扰能力强。与微波雷达易受自然界广泛存在的电磁波影响的情况不同，自然界中能对激光雷达起干扰作用的信号源不多，因此激光雷达抗有源干扰的能力很强，适于工作在复杂的环境中。

3）低空探测性能好。对于激光雷达来说，只有被照射的目标才会产生反射，完全不存在地物回波的影响，因此可以"零高度"工作，低空探测性能较微波雷达强了许多。

4）探测范围更广。激光雷达的探测距离可达 300m 以上。

（2）激光雷达的缺点

1）体积大。与毫米波雷达相比，激光雷达的体积较大，过大的体积导致其在智能网联汽车上的安装不方便。

2）价格贵。车载激光雷达的价格高昂（最便宜的也要几百美金），不易于控制造车成本。

4. 激光雷达的测量原理

目前，市场上主流的智能网联汽车车载激光雷达的测距原理主要有三角测距法、飞行时间法（Time of Flight，TOF）和调幅连续波（Amplitude Modulated Continuous Wave，AMCW）测距法。

（1）三角测距法　图 5-3 所示为典型的激光雷达三角测距原理图。

图中激光器以一定的角度 β 发射出激光，激光经过距离为 d 的目标物被反射。接收激光的一般是一个长条的 CMOS（可以看成是一个长条形的摄像头），被物体反射的激光经过"小孔成像"被相机（即 CMOS）拍摄到。焦距为 f，物体离平面的垂直距离为 q，激光器和焦点间的距离为 s，过焦点平行于激光方向的虚线，它跟相机的交点位置一般是预先知道的（确定好 β 就知道了），物体激光反射后成像在照机上的点位置离该处的距离为 X。

图 5-3　典型的激光雷达三角测距原理图

从图中的几何关系可以得出，q、d 和角 β 所在三角形与 X、f 所在三角形相似，根据三角形的相似原理可得

$$\frac{f}{X} = \frac{q}{s}$$

所以有

$$q = \frac{fs}{X}$$

又因为

$$\sin\beta = \frac{q}{d}$$

可得

$$d = \frac{q}{\sin\beta}$$

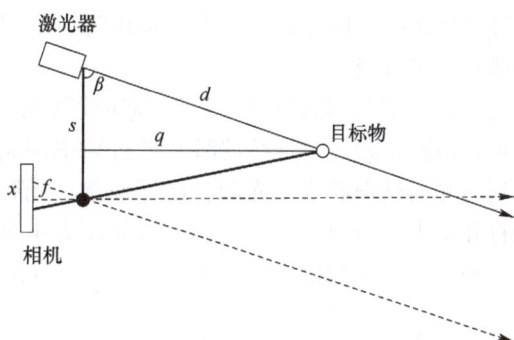

最后得到

$$d = \frac{fs}{X\sin\beta}$$

因为 f、s、β 都是预先可以已知的量，唯一需要测量的就是 X，因此，测出 X 就测出了 d，即得到物体离激光器的距离了。

（2）飞行时间法 图 5-4 所示为激光雷达飞行时间法测距原理图。

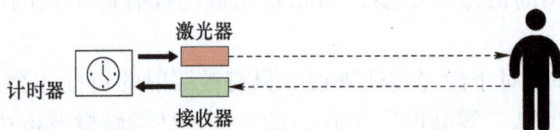

图 5-4　激光雷达飞行时间法测距原理

激光器发射一个激光脉冲，并由计时器记录下射出的时间，回返光经接收器接收，并由计时器记录下回返的时间。两个时间相减即得到了光的"飞行时间"，而光速是一定的，因此，在已知速度和时间后很容易就可以计算出距离。假设飞行时间为 t，光速为用 c，则距离 L 为

$$L = \frac{1}{2}ct$$

这是最简单也是最直接的测距方式，大多数激光雷达公司采用的也是这种测距原理。由于光速非常快，3.3ns 的时间就已经走过 1m 的距离，因而在实现过程中需要控制脉冲质量、信号处理速度、脉冲计时精度、A-D 转换效率等，目前基于该测距原理的激光雷达测距精度一般在厘米量级。

（3）调幅连续波测距法 调幅连续波测距法如图 5-5 所示，其本质是一种激光相干探测技术，该技术通过对连续波激光进行频率调制来获得距离信息。激光雷达发射激光的光频率受到激光器谐振腔或声光调制器等调制，光频率随时间线性变化，调制后的大部分激光经过准直和扩束后发射出去，小部分激光作为本征光。激光束打在探测目标上后，返回的光和本征光相干产生拍频信号，根据拍频信号解算出被测物体的距离及速度。

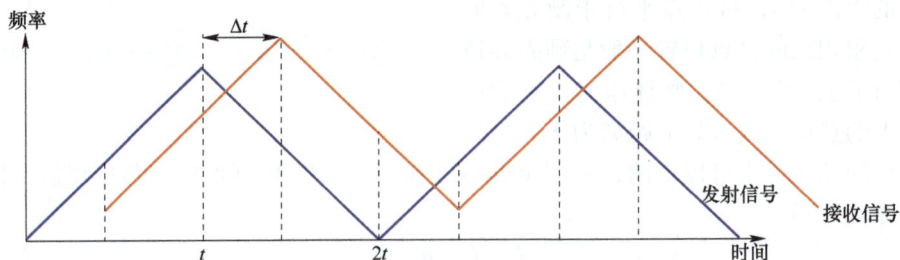

图 5-5　调幅连续波测距法

调幅连续波测距法的优点如下：
1）抗太阳光和其他激光干扰的能力比较强。
2）探测灵敏度更高且动态范围更宽。
3）可以同时实现目标物距离和速度的测量。
调幅连续波测距法的缺点如下：

1）测距精度对激光光源要求高，频率调制的线性要求高，该类激光器成本高。

2）测量速度相对较慢，导致数据采样率低。

3）系统结构更加复杂，增加了开发难度及成本。

最后，表5-1中的激光雷达测距方案对比，直接明了地给出了各个方案的优缺点。

表5-1　激光雷达测距方案对比

测距方案	探测距离	探测精度	抗强光能力	光功率	成本
三角测距法	最近	近距离精度高，远距离精度低	不具备	低	低
飞行时间法	最远	高	强	适中	适中
调幅连续波测距法	适中	适中	适中	高	适中

5. 激光雷达的分类

激光雷达可根据扫描方式有无机械转动部件可以分为机械旋转式、混合固态和纯固态。混合固态分为 MEMS 方案、转镜方案，纯固态分为相控阵 OPA 方案、Flash 方案。

（1）机械旋转式激光雷达　如图5-6所示，机械旋转式激光雷达可实现360°扫描，应用于主流的无人驾驶测试项目。机械旋转式激光雷达的优势在于可以对周围环境进行360°的水平视场角扫描，而半固态式和固态式激光雷达往往最高只能做到120°的水平视场角扫描，且在视场范围内测距能力的均匀性差于机械旋转式激光雷达。

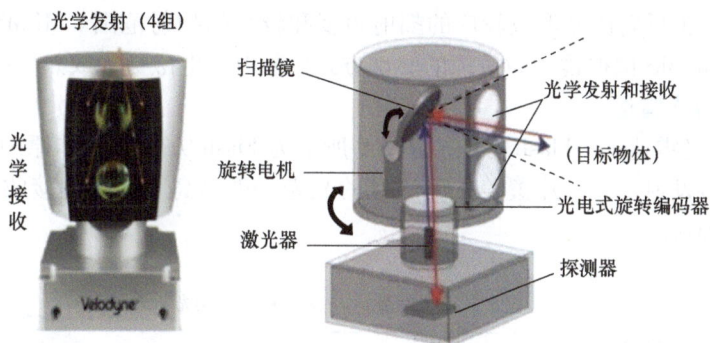

图 5-6　机械旋转式激光雷达

机械旋转式激光雷达凭借兼具360°水平视场角和测距能力远的优势，目前，主流无人驾驶测试项目纷纷采用了机械旋转式激光雷达作为主要的感知传感器。但是它们调试和装配工艺复杂，生产周期长，成本居高不下，并且机械部件寿命不长（为 1000～3000h），难以满足苛刻的车规级要求（至少 1 万 h 以上）。

（2）混合固态激光雷达

1）混合固态激光雷达——转镜方案。图5-7所示为一种转镜方案的混合固态激光雷达。工作原理：转镜式保持收发模块不动，让电机在带动转镜运动的过程中将光束反射至空间的一定范围，从而实现扫描探测，其技术创新方面与机械式激光雷达类似。

2）混合固态激光雷达——MEMS 方案。MEMS 激光雷达是采用微振镜结构进行激光束偏转。微振镜是 MEMS 激光雷达的核心组成部分，它需要具有平整的光学镜面，将机械式激光雷达的旋转部件微缩，增加集成度。其工作原理图如图5-8所示。

图 5-7　转镜方案的混合固态激光雷达

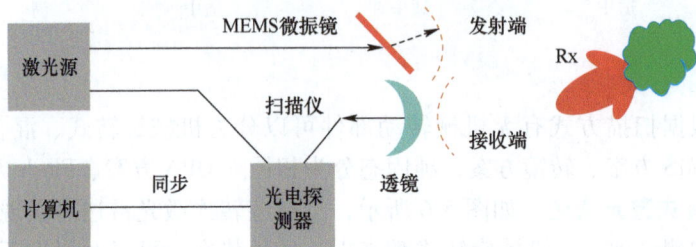

图 5-8　MEMS 方案工作原理图

通过 MEMS（Micro-Electro-Mechanical System，微机电系统）微振镜来代替传统的机械式旋转装置，由微振镜反射激光形成较广的扫射角度和较大的扫射范围。MEMS 将机械微型化，扫描单元变成了 MEMS 微振镜。微棱镜的驱动方式以静电、电磁更为成熟、广泛。

（3）纯固态激光雷达

1）纯固态激光雷达——Flash 方案。图 5-9 所示为 Flash 方案的工作原理示意图，其工作原理：短时间直接发射出一大片覆盖探测区域的激光，再以高度灵敏的接收器完成对环境周围图像的绘制，即快闪。

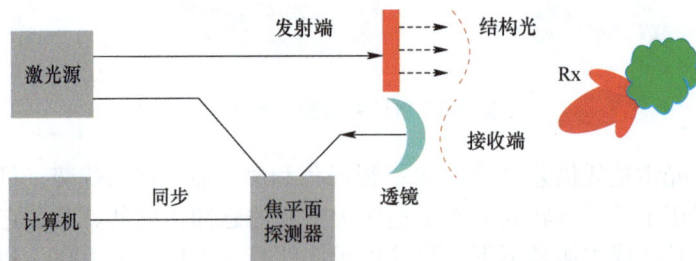

图 5-9　Flash 方案的工作原理示意图

Flash 激光雷达采用类似照相机的工作模式，每个像素点可以记录光子飞行时间信息。发射的面阵激光照射到目标上，由于物体具有三维空间属性，从而不同部位的光所反射的光具有不同的飞行时间，被焦平面探测器阵列探测，根据飞行时间不同绘制图像。

2）纯固态激光雷达——OPA 方案。OPA 方案则是采用了高度集成化的光学相控技术，将激光器的功率分配到不同的相位调制器，通过光学天线发射，在空间远场形成较强的能量光束。通过不同的相位，不同角度的光速能够对物体进行扫描，从而不需要采用物理扫描的方式。OPA方案的相控阵主要分为液晶相控阵和集成光波导型相控阵。硅基集成光学芯片可以实现大规模激光器的集成，从而推动激光雷达的固态化。图5-10所示为其工作原理图。

OPA方案具体工作原理为：OPA（Optical-Phased-Array，光学相控阵）振动产生的波相互叠加，根据干涉原理，有的方向互相增强，有的方向抵消，增强方向即激光扫描方向。采用多个光源组成阵列，通过控制各光源发射的时间差（光的相位差可以合成角度灵活、精密可控的主光束），在一定角度范围内立体扫描物体。

为了方便读者对激光雷达的分类有更好的认识，表5-2总结了激光雷达的分类以及各自的特点。

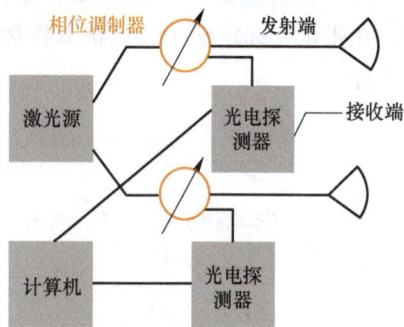

图5-10　OPA方案的工作原理图

表5-2　激光雷达的分类总结

种类	适合测距	体积	量产成本	可靠性	技术成熟度
机械旋转式	中远距离	大	机械结构复杂，成本难以下降	不可靠	高
转镜	中远距离	小	较低	可靠	中
MEMS	中远距离	小	较低	可靠	中
Flash	近距离	较小	低	可靠	中
OPA	中远距离	最小	目前较高，未来有望下降	最可靠	中

6. 激光雷达的技术参数

激光雷达的技术指标主要有最大探测距离、距离分辨率、测距精度、测量帧频、数据采样率、视场角、角度分辨率、波长等。

1）最大探测距离：通常需要标注基于某一个反射率下的测得值，如白色反射体大概70%反射率，黑色物体7%~20%反射率。

2）距离分辨率：指两个目标物体可区分的最小距离。

3）测距精度：指对同一目标进行重复测量得到的距离值之间的误差范围。

4）测量帧频：测量帧频与摄像头的帧频概念相同，激光雷达成像刷新帧频会影响激光雷达的响应速度，刷新率越高，响应速度越快。

5）数据采样率：指每秒输出的数据点数，等于帧率乘以单幅图像的点云数目，通常数据采样率会影响成像的分辨率，特别是在远距离，点云越密集，目标呈现就越精细。

6）视场角：视场角又分为垂直视场角和水平视场角，是激光雷达的成像范围。

7）角度分辨率：指描的角度分辨率，等于视场角除以该方向所采集的点云数目，因此本参数与数据采样率直接相关。

8）波长：激光雷达所采用的激光波长，波长会影响雷达的环境适应性和对人眼的安全性。

二、激光雷达的标定测试

1. 激光雷达与摄像机联合标定的相关坐标系

在激光雷达与摄像机的标定过程中，主要涉及世界坐标系、激光雷达坐标系、摄像机坐标系和图像坐标系四种坐标系，具体示意图如图5-11所示。

（1）世界坐标系 O_W-XYZ：是由用户定义的三维空间坐标系，主要用来描述摄像机的位置。在张正友标定法中，以棋盘格标定板（图5-12）中第一个棋盘格的顶点作为世界坐标系的坐标。

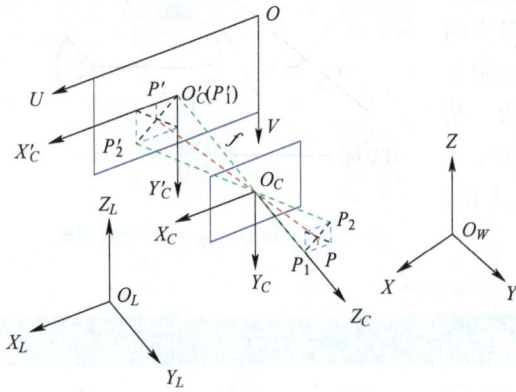

图5-11 标定涉及的坐标系

图5-12 棋盘格标定板

（2）激光雷达坐标系 O_L-$X_L Y_L Z_L$：其原点 O_L 位于激光雷达的扫描中心，空间中任意一点 P 在 O_L-$X_L Y_L Z_L$ 中表示为 (X_L, Y_L, Z_L)。

（3）摄像机坐标系 O_C-$X_C Y_C Z_C$：以摄像机的光学中心为坐标原点，Z_C 轴与摄像机光轴重合，且以摄像机的方向为 Z_C 轴正向，摄像机的焦距为 f。在 O_C-$X_C Y_C Z_C$ 中，P 点的坐标表示为 (X_C, Y_C, Z_C)。

（4）图像坐标系 图像坐标系一般分为图像物理坐标系和图像像素坐标系。图像物理坐标系 O_C'-$X_C' Y_C'$ 是以摄像机光轴与成像平面的交点 O_C' 为坐标原点的直角坐标系（一般以实际物理尺度为单位，如 mm），其中，X_C' 轴、Y_C' 轴分别与图像像素坐标系的 U、V 轴平行，图像像素坐标系 O-UV 的坐标原点为图像的左上角，以像素为单位，U、V 分别表示每个像素在数字图像中的列数和行数。

2. 坐标系之间的转换关系

（1）摄像机坐标系与激光雷达坐标系的关系 激光雷达坐标系与摄像机坐标系之间的位姿关系可以分解为绕坐标原点 OC 的旋转和平移，计算公式为

$$\begin{pmatrix} X_C \\ Y_C \\ Z_C \\ 1 \end{pmatrix} = \begin{pmatrix} R & T \\ 0 & 1 \end{pmatrix} \begin{pmatrix} X_L \\ Y_L \\ Z_L \\ 1 \end{pmatrix} \tag{5-1}$$

在式（5-1）中，$R = R_x R_y R_z$，$T = [\,t_x\ t_y\ t_z\,]^T$，$\boldsymbol{R}_x = \begin{bmatrix} 1 & 0 & 0 \\ 0 & \cos\alpha & \sin\alpha \\ 0 & -\sin\alpha & \cos\alpha \end{bmatrix}$，$\boldsymbol{R}_y = \begin{bmatrix} \cos\beta & 0 & -\sin\beta \\ 0 & 1 & 0 \\ -\sin\beta & 0 & \cos\beta \end{bmatrix}$，

$\boldsymbol{R}_z = \begin{bmatrix} \cos\gamma & -\sin\gamma & 0 \\ -\sin\gamma & \cos\gamma & 0 \\ 0 & 0 & 1 \end{bmatrix}$

其中，$\boldsymbol{R}$ 为旋转矩阵，代表两个坐标系之间的角位移关系；α、β 和 γ 分别为激光雷达坐

标系在摄像机坐标系中沿 X_C、Y_C 和 Z_C 轴方向的偏转角度；T 是平移矩阵，表示激光雷达坐标系原点在摄像机坐标系中的坐标，代表两个坐标系之间的相对位置关系。

（2）摄像机坐标系与图像坐标系的关系　从摄像机坐标系到图像物理坐标系，是从三维空间坐标系到二维平面坐标系的转换。摄像机将物点 P 成像到像素平面上的 P' 点，根据三角形相似原理，P' 点的物理坐标（X'_C，Y'_C）与 P 点（X_C，Y_C，Z_C）的关系为

$$X'_C = f\frac{X_C}{Z_C}, Y'_C = f\frac{Y_C}{Z_C} \tag{5-2}$$

将式（5-2）用矩阵的形式表示

$$Z_C \begin{bmatrix} X'_C \\ Y'_C \\ 1 \end{bmatrix} = \begin{bmatrix} f & 0 & 0 & 0 \\ 0 & f & 0 & 0 \\ 0 & 0 & 1 & 0 \end{bmatrix} \begin{bmatrix} X_C \\ Y_C \\ Z_C \\ 1 \end{bmatrix} \tag{5-3}$$

P' 点的图像物理坐标（X'_C，Y'_C）与像素坐标（u，v）的转换关系为

$$\begin{cases} u = \dfrac{X'_C}{\mathrm{d}x} + u_0 \\ v = \dfrac{Y'_C}{\mathrm{d}y} + v_0 \end{cases} \tag{5-4}$$

将式（5-4）用矩阵的形式表示

$$\begin{bmatrix} u \\ v \\ 1 \end{bmatrix} = \begin{bmatrix} \dfrac{1}{\mathrm{d}x} & 0 & u_0 \\ 0 & \dfrac{1}{\mathrm{d}y} & v_0 \\ 0 & 0 & 1 \end{bmatrix} \begin{bmatrix} X'_C \\ Y'_C \\ 1 \end{bmatrix} \tag{5-5}$$

其中，$\mathrm{d}x$、$\mathrm{d}y$、u_0 和 v_0 为摄像机的内部参数；$\mathrm{d}x$、$\mathrm{d}y$ 分别为摄像机的单个像素在 X'_C 和 Y'_C 方向上的物理尺寸；（u_0，v_0）是图像主点坐标，即摄像机光轴与物理成像平面相交点 O'_C 的像素坐标。

由式（5-3）和式（5-5）联立求解，可以得到摄像机坐标和图像像素坐标之间的关系为

$$Z_C \begin{bmatrix} u \\ v \\ 1 \end{bmatrix} = \begin{bmatrix} f_x & r & u_0 \\ 0 & f_y & v_0 \\ 0 & 0 & 1 \end{bmatrix} \begin{bmatrix} X_C \\ Y_C \\ Z_C \end{bmatrix} \tag{5-6}$$

式中，r 为倾斜因子，在一般标准摄像机中为 0；$f_x = f/\mathrm{d}x$ 和 $f_y = f/\mathrm{d}y$ 分别表示 X'_C 轴和 Y'_C 轴方向上的等效焦距。

（3）激光雷达坐标系与图像像素坐标系的关系　由式（5-1）式（5-6）可以得到激光雷达坐标系与图像像素坐标系的转换关系为

$$Z_C \begin{bmatrix} u \\ v \\ 1 \end{bmatrix} = \begin{bmatrix} f_x & r & u_0 & 0 \\ 0 & f_y & v_0 & 0 \\ 0 & 0 & 1 & 0 \end{bmatrix} \begin{bmatrix} R & T \\ 0 & 1 \end{bmatrix} \begin{bmatrix} X_L \\ Y_L \\ Z_L \\ 1 \end{bmatrix} \tag{5-7}$$

由式（5-7）可以得出，联合标定中的未知量为摄像机的内部参数、激光雷达坐标系与摄

像机坐标系之间的旋转矩阵 R 和平移矩阵 T。

3. 激光雷达和摄像机的联合标定方法

图 5-13 所示为激光雷达与摄像机的联合标定装置。因为存在加工和安装误差，旋转矩阵 R 和平移矩阵 T 的真实值与设计值相差较大，因此需要更加准确的结果来进行传感器之间的数据融合。

（1）标定方案设计 联合标定试验中使用的标定板如图 5-14 所示。首先，使用图 5-14a 中的棋盘格标定板对摄像机进行标定，得到摄像机的内外参数；然后，制作一个图 5-14b 所示的圆孔标定板，以标定板上圆孔的圆心作为特征点，摄像机和激光雷达分别检测标定板上圆孔的位置，计算激光雷达坐标系与摄像机坐标系之间的旋转矩阵 R 和平移矩阵 T，完成联合标定。

图 5-13　激光雷达与摄像机的联合标定装置

a) 棋盘格标定板　　　　b) 圆孔标定板

图 5-14　联合标定试验中使用的标定板

（2）标定过程 联合标定步骤如下：

① 首先对摄像机进行标定，获取摄像机的内外参数。

② 摄像机采集圆孔标定板图像，提取二维图像中圆孔的圆心坐标 $c_i(u_i, v_i)$ 以及半径 r_i（$i = 1$、2、3、4）。

③ 激光雷达扫描圆孔标定板，获取点云中圆心坐标 $C_i(x_i^L, y_i^L, z_i^L)$ 以及半径 R_i。

④ 将标定板中的四个圆心作为特征点，以激光雷达坐标系的圆心坐标 C_i 转换到图像坐标系的圆心坐标 c_i 建立约束关系，计算激光雷达坐标系到摄像机坐标系的旋转平移矩阵。

1）估算平移矩阵 T。

因为激光雷达和摄像机的安装位置已经确定，两个坐标系的三轴建立在同一方向上，所以首先计算平移矩阵。根据旋转不变性将式（5-7）改写为

$$Z_C \begin{bmatrix} u \\ v \\ 1 \end{bmatrix} = \begin{bmatrix} f_x & r & u_0 & 0 \\ 0 & f_y & v_0 & 0 \\ 0 & 0 & 1 & 0 \end{bmatrix} \begin{bmatrix} 1 & 0 & 0 & t_x \\ 0 & 1 & 0 & t_y \\ 0 & 0 & 1 & t_z \\ 0 & 0 & 0 & 1 \end{bmatrix} \begin{bmatrix} X_L \\ Y_L \\ Z_L \\ 1 \end{bmatrix} \tag{5-8}$$

此时，式（5-8）中的未知变量为平移矩阵 T，通过激光雷达点云和二维图像中检测到的圆孔半径和圆心坐标来估算平移矩阵 T。

$$t_{zi} = \frac{R_i f}{r_i} - z_i^L \tag{5-9}$$

$$t_{xi} = \frac{(u\&_i - u_0)(x_i^L + t_{zi})}{f} - x_i^L \tag{5-10}$$

$$t_{yi} = \frac{(v_i - v_0)(x_i^L + t_{zi})}{f} - y_i^L \tag{5-11}$$

$$\hat{t}_x = \frac{\sum_{i=1}^{4N} t_{xi}}{4}, \hat{t}_y = \frac{\sum_{i=1}^{4N} t_{yi}}{4}, \hat{t}_z = \frac{\sum_{i=1}^{4N} t_{zi}}{4} \tag{5-12}$$

在式（5-12）中，N 为提供的数据点对数，使用多对数据可以提高计算精度。

2）标定参数优化。因为联合标定装置安装有误差，为了提高标定参数精度，在粗标定阶段得到平移矩阵之后需要对旋转矩阵进行优化。分别取激光雷达和双目相机检测到的特征点建立特征点集合 b^l 和 b^c，式（5-13）为优化函数

$$(\boldsymbol{R}, \boldsymbol{T}) = \arg\min \sum_{i=1}^n w_i \| (Rb_i^l + T) - b_i^c \| \tag{5-13}$$

其中，$w_i > 0$（$i = 1, 2, \cdots, n$）代表每个特征点权重，等式左侧的 $\boldsymbol{R}$ 和 $\boldsymbol{T}$ 代表具有最优解的旋转平移矩阵。将特征点中心化

$$\bar{b}^l = \frac{\sum_{i=1}^n w_i b_i^l}{\sum_{i=1}^n w_i}, \bar{b}^c = \frac{\sum_{i=1}^n w_i b_i^c}{\sum_{i=1}^n w_i} \tag{5-14}$$

$$x_i = b_i^l - \bar{b}^l, y_i = b_i^c - \bar{b}^c \tag{5-15}$$

分别以中心化的特征点集 x_i 和 y_i 建立矩阵 $\boldsymbol{X}$ 和 $\boldsymbol{Y}$，进行协方差计算为

$$S = XWY^T \tag{5-16}$$

其中，$W = \mathrm{diag}(w_1, w_2, w_3, \cdots, w_n)$ 是一个对角矩阵。将协方差矩阵 S 进行奇异值分解（Singular Value Decomposition，SVD）得到 $U \sum V^T$，式（5-13）中输入的旋转矩阵 $\boldsymbol{R}$ 通过式（5-17）得到

$$R = VU^T \tag{5-17}$$

三、激光雷达的应用

1. 智能网联汽车激光雷达的应用场景

智能网联汽车通过激光雷达对车辆周边环境进行扫描识别，从而引导车辆行驶。激光雷达在智能网联汽车上起着类似于"眼睛"的功能，激光雷达能够根据扫描到的点云数据快速地绘制 3D 全景地图。车载激光雷达的主要应用场景有障碍物分类、障碍物跟踪、车道标志线检测和高精度定位等。

（1）障碍物分类　如图 5-15 所示，激光雷达对车辆周边障碍物扫描，对扫描所得的障碍物信息进行形状特征提取，然后通过数据库对形状特征进行对比，得到障碍物的分类。

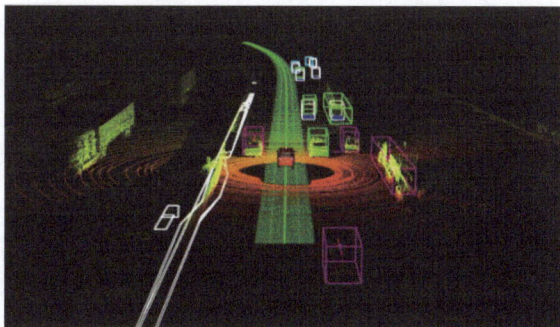

图 5-15　障碍物分类

（2）**障碍物跟踪**　如图5-16所示，激光雷达通过扫描先得到障碍物信息，然后通过相关算法对比所跟踪障碍物前后帧的变化，利用所跟踪障碍物的坐标变化，实现对障碍物的速度、航向等的检测和跟踪。

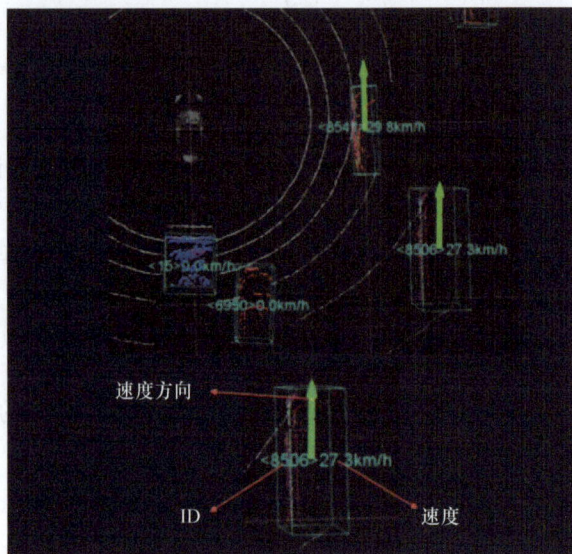

图5-16　障碍物跟踪

（3）**车道标志线检测**　利用摄像头检测车道线难以解决以下问题：

1）有阳光情况，树荫下光照被碎片化带来的车道线图像检测问题。

2）涉水路面的车道线图像检测问题。

3）低照度环境下的车道线图像检测问题。

4）车道线不完整问题。

5）检测距离受限问题。

图5-17　典型的车道线识别场景

选用激光雷达检测车道线能有效地解决上述问题。下面主要介绍一种典型的用激光雷达检测车道线的方法——激光雷达回波宽度。

图5-17所示为一种典型的车道线识别场景。

在该检测场景下，激光雷达的回波情况如图5-18所示。从图5-18中可以很明显地看出车道线的分布情况。

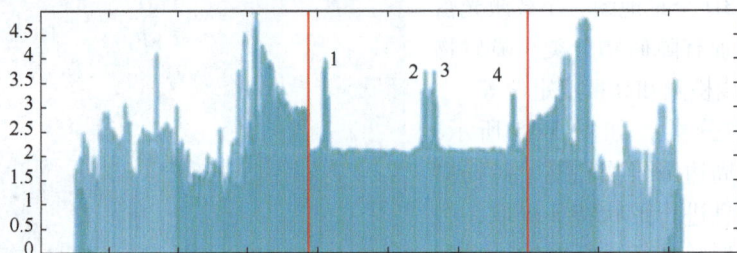

图5-18　激光雷达的回波情况

（4）高精度定位　图 5-19 所示为智能网联汽车利用激光雷达进行高精度定位的结果示意图。其原理是：首先 GPS 给定初始位置，通过 IMU（惯性测试元件）和车辆的编码器可以得到车辆的初始位置，然后对激光雷达的局部点云信息，包括点线面的几何信息和语义信息进行特征提取，并结合车辆初始位置进行空间变换，从而获取基于全局坐标系下的矢量特征，接着将这些特征与高精度地图的特征信息进行匹配，最终得到车辆的一个准确定位。

图 5-19　高精度定位

2. 车载激光雷达的配置及相关车型介绍

智能网联汽车的自动驾驶能力与车载芯片的算力息息相关。自动驾驶等级每增加一级，所需的芯片算力往往需要数十倍的增加。例如 L2 级别的自动驾驶算力需求一般为 2~2.5TOPS（TOPS，处理器的运算单位，1TOPS 表示处理器每秒钟可进行一万亿次操作）。但是 L3 级别自动驾驶算力的需求就需要20~30TOPS，到 L4 级别自动驾驶算力需求就需要 200TOPS 以上，L5 级别算力需求则超过2000TOPS。目前，主流智能网联汽车的自动驾驶平台算力是能够支撑起 L3 级别的要求，当然这个不仅是看算力，还需要外围的感知器件能力的提升，而这其中激光雷达是整个行业默认在 L3 级别上必需的传感器，所以可以看到除了特斯拉以外，目前主流的自动驾驶平台都支持大概 6 颗及以上的激光雷达。下面将介绍一些国内较早的一批搭载激光雷达的具体车型及相关传感器的配置情况。

（1）北汽阿尔法 S　图 5-20 所示为 ARCFOX 极狐阿尔法 S 华为 HI 版的实车照片。

华为 HI 版车型最大的亮点在于激光雷达智能驾驶系统方案，新车可实现 L4 级别的自动驾驶功能。硬件方面，华为 ADS 搭载超级中央超算 ADCSC，可支持 400TOPS/800TOPS两档算力。算法方面，ADS 通过华为自研的全栈算法，实现了将 Robotaxi 高阶自动驾驶能力落地到私家车的能力。华为为极狐阿尔法 S HI 版提供的这套激光雷达方案可以快速识别加塞车辆，以及在隧道中识别静止物体、实现主动避让、无车道线并线、复杂场景下泊车等。

图 5-20　极狐阿尔法 S 华为 HI 版

（2）小鹏 P5　图 5-21 所示为小鹏 P5 的实车图片。小鹏 P5 搭载了 32 个传感器和 13 个摄像头，并搭载 XPILOT3.5 自动驾驶辅助系统，可以实现厘米级高精度测距，探测距离远，不受环境光影响，空间分辨率更高，保证FCW/AEB/ACC 等高阶辅助驾驶功能在高速行驶中更舒适、更安全。另外，值得关注的是大疆 Livox 为小鹏 P5 提供的这套激光雷达，这个是大疆的首款车规级激光雷达 HAP，HAP 利用 Livox 自研的"超帧率"激光雷达探测技术，可以做到针对低反射率为 10% 的物体（如黑色汽车）探测距离为 150m，横向视场角为 120°，角分辨率为 0.16°×0.2°，点云密度等效于 144 线激光雷达。此外，大疆在激光雷达布局上也有不少创新，可以与双目摄像头集成，也可以与左右后视镜集成。

图 5-21　小鹏 P5

（3）**蔚来 eT7**　图 5-22 所示为蔚来 eT7 的实车图片。蔚来 eT7 的最大亮点是搭载了固态电池和激光雷达。从感知算法到地图定位，从控制策略到底层系统，蔚来全面自研，建立 NAD 全栈自动驾驶技术。NAD 将逐步实现高速、城区、泊车和加电场景的全覆盖，给用户带来全新的自动驾驶体验，而这些都是建立在非常丰富的传感器上面。蔚来 eT7 全车拥有 33 个高性能感知硬件，包括 11 个 800 万像素的高清摄像头、1 个激光雷达、5 个毫米波雷达、12 个超声波传感器，而且这些都是全系标配。值得一提的是，搭载 Innovusion 提供的超远距高精度激光雷达，横向视场角为 120°，最远探测距离为 500m，分辨率为 0.06°，等效 300 线，最远探测距离可达 500m，并拥有聚焦功能，可分辨更多细节。

（4）**智己 L7**　图 5-23 所示为智己 L7 的实车图片。智己 L7 具备 12 个高清视觉摄像头、5 个毫米波雷达，以及 12 个超声波雷达，同时，还支持英伟达 Orin X（500~1000+TOPS）和 3 个激光雷达的升级能力，后续激光雷达进入商业化量产成熟期，智己汽车将会在量产车上立即升级激光雷达系统。智己 L7 可实现的自动驾驶功能包括记忆泊车和唤车、自动代客泊车、红绿灯识别及自动通过路口、防加塞和自动躲避障碍物、根据导航路径自动变道/超车、上下匝道、追尾报警以及 Super Pilot（主动驾驶辅助系统）、Traffic Jam Pilot（拥堵自动辅助驾驶）等。

图 5-22　蔚来 eT7

图 5-23　智己 L7

【技能提升】

连接 M1 速腾半固态激光雷达具体步骤如下：

1. M1 激光雷达接口

图 5-24 所示为 M1 激光雷达。图中较粗的接口为雷达的电源接口，即通过这个接口接入外部电源，给雷达供电；图中较细的接口为车载以太网接口，即通过这个接口与上位机或者计算机收发数据。当然，雷达升级也是通过这个接口。

2. 激光雷达接线盒

图 5-25 所示为激光雷达接线盒。接线盒的主要作用是将车载以太网转换为普通以太网，方便普通用户调试。另外一个作用是给雷达供电。车载以太网接口通过车载以太网线连接到雷达。雷达电源接口通过电源线连接到雷达，给雷达供电。RJ45 以太网接口通过网线连接计算机。接线盒电源接口除了给盒子供电外，还给雷达供电。注意：该接线盒本身不会对电源做升压降压转换，所以，这里的电源接口电压是多少，则雷达端的电压就是多少。一般随机附赠电源适配器为 12V，采用 12V 供电即可。

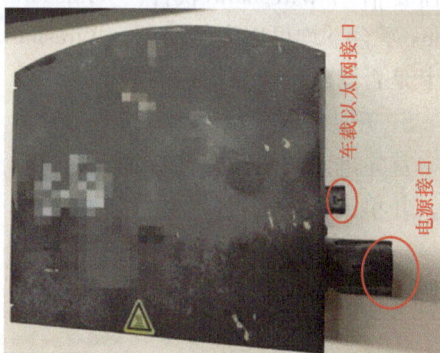

图 5-24　M1 激光雷达

接线盒上有绿色和红色指示灯。绿色指示灯快速闪烁表示接线盒与计算机通信正常，红色指示灯快速闪烁表示接线盒与雷达通信正常。当雷达与计算机连接畅通时，这两个指示灯会快速闪烁。如果发现灯不闪烁，请检查接线是否良好稳固。

图 5-25　激光雷达接线盒

3. 将 M1 激光雷达与计算机连接

图 5-26 所示为 M1 激光雷达与计算机连接图。RJ45 网线的另外一头接入计算机网口。注意：计算机网口需要支持千兆网络。

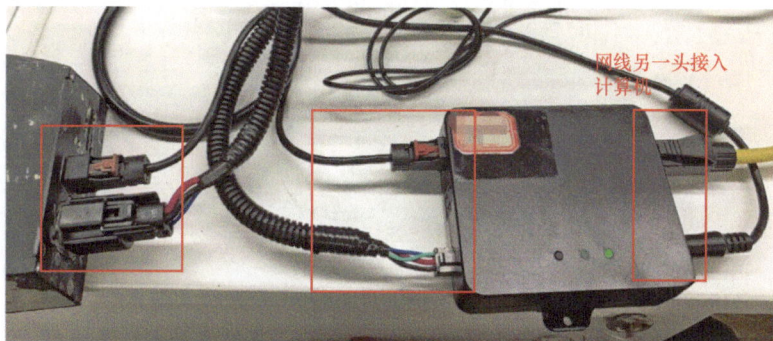

图 5-26　M1 激光雷达与计算机连接图

4. 安装 Wireshark 软件

当雷达通过接线盒以及线束连接到计算机后，如何确定计算机可以收到雷达的数据？此时需要借助 Wireshark 软件。Wireshark 是一款开源的网络分析软件，在 Windows、macOS、Linux 平台下均可以安装使用。Wireshark 可以抓取网卡上收到的报文，通过报文可以知道当前网卡是否已经接收到雷达的数据。

5. 开始连接 M1 激光雷达

首先进入网络适配器界面，将 M1 激光雷达所在网卡的 IP 地址进行设置，如图 5-27 所示，并单击"确定"。

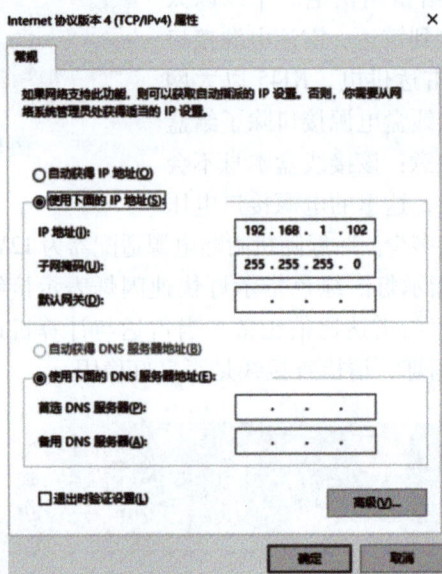

图 5-27　IP 地址设置

打开 Wireshark，双击雷达所连接网卡。当出现大量 UDP 报文，即代表计算机成功接收到雷达数据了，如图 5-28 和图 5-29 所示。

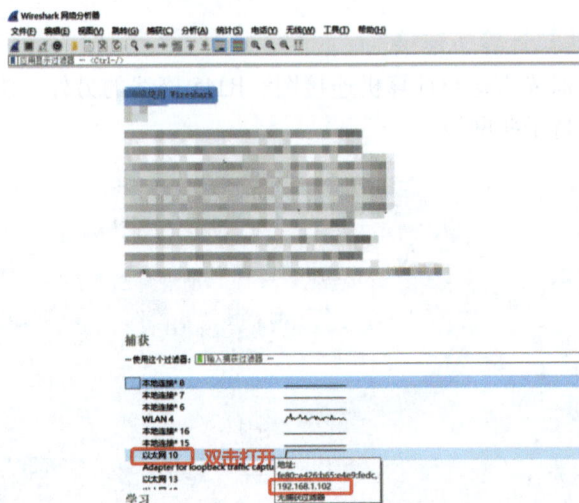

图 5-28　UDP 数据报文

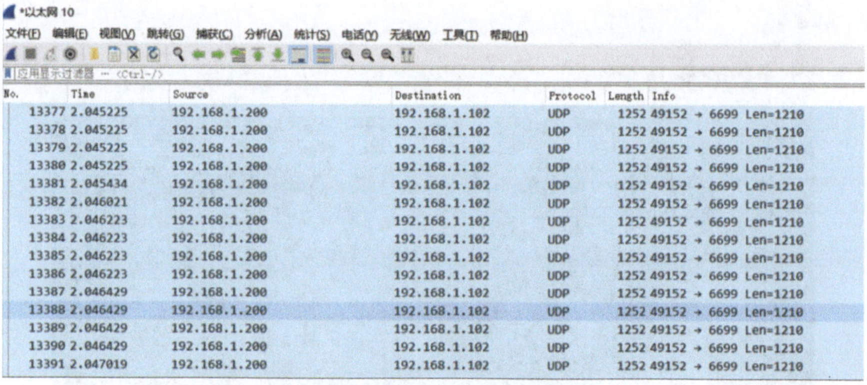

No.	Time	Source	Destination	Protocol	Length	Info
13377	2.045225	192.168.1.200	192.168.1.102	UDP	1252	49152 → 6699 Len=1210
13378	2.045225	192.168.1.200	192.168.1.102	UDP	1252	49152 → 6699 Len=1210
13379	2.045225	192.168.1.200	192.168.1.102	UDP	1252	49152 → 6699 Len=1210
13380	2.045225	192.168.1.200	192.168.1.102	UDP	1252	49152 → 6699 Len=1210
13381	2.045434	192.168.1.200	192.168.1.102	UDP	1252	49152 → 6699 Len=1210
13382	2.046021	192.168.1.200	192.168.1.102	UDP	1252	49152 → 6699 Len=1210
13383	2.046223	192.168.1.200	192.168.1.102	UDP	1252	49152 → 6699 Len=1210
13384	2.046223	192.168.1.200	192.168.1.102	UDP	1252	49152 → 6699 Len=1210
13385	2.046223	192.168.1.200	192.168.1.102	UDP	1252	49152 → 6699 Len=1210
13386	2.046223	192.168.1.200	192.168.1.102	UDP	1252	49152 → 6699 Len=1210
13387	2.046429	192.168.1.200	192.168.1.102	UDP	1252	49152 → 6699 Len=1210
13388	2.046429	192.168.1.200	192.168.1.102	UDP	1252	49152 → 6699 Len=1210
13389	2.046429	192.168.1.200	192.168.1.102	UDP	1252	49152 → 6699 Len=1210
13390	2.046429	192.168.1.200	192.168.1.102	UDP	1252	49152 → 6699 Len=1210
13391	2.047019	192.168.1.200	192.168.1.102	UDP	1252	49152 → 6699 Len=1210

图 5-29　数据示意图

然后到速腾官网 https://www.robosense.cn/ ，在资源中心下找到 M1 相关内容，下载用于点云显示的 Rsview 软件，如图 5-30 所示。

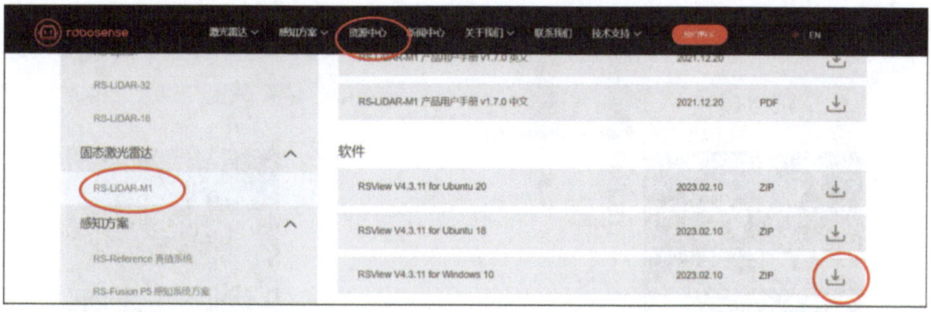

图 5-30　Rsview 软件下载示意图

解压下载到的文件。进入 bin 目录，双击“RSView. exe”，如图 5-31 所示。

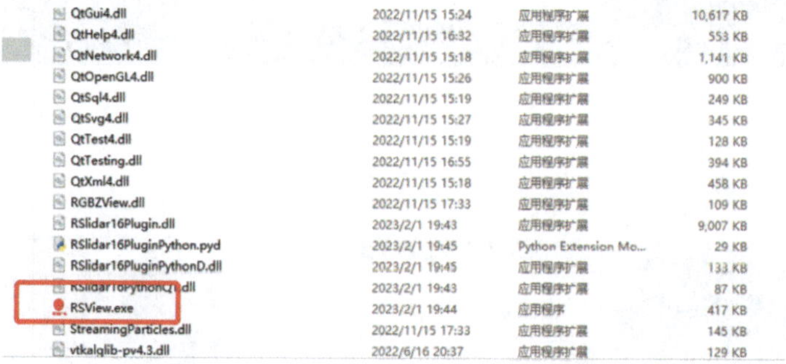

QtGui4.dll	2022/11/15 15:24	应用程序扩展	10,617 KB
QtHelp4.dll	2022/11/15 16:32	应用程序扩展	553 KB
QtNetwork4.dll	2022/11/15 15:18	应用程序扩展	1,141 KB
QtOpenGL4.dll	2022/11/15 15:26	应用程序扩展	900 KB
QtSql4.dll	2022/11/15 15:19	应用程序扩展	249 KB
QtSvg4.dll	2022/11/15 15:27	应用程序扩展	345 KB
QtTest4.dll	2022/11/15 15:19	应用程序扩展	128 KB
QtTesting.dll	2022/11/15 16:55	应用程序扩展	394 KB
QtXml4.dll	2022/11/15 15:18	应用程序扩展	458 KB
RGBZView.dll	2022/11/15 17:33	应用程序扩展	109 KB
RSlidar16Plugin.dll	2023/2/1 19:43	应用程序扩展	9,007 KB
RSlidar16PluginPython.pyd	2023/2/1 19:45	Python Extension Mo...	29 KB
RSlidar16PluginPythonD.dll	2023/2/1 19:45	应用程序扩展	133 KB
RSlidar16PythonQt.dll	2023/2/1 19:43	应用程序扩展	87 KB
RSView.exe	2023/2/1 19:44	应用程序	417 KB
StreamingParticles.dll	2022/11/15 17:33	应用程序扩展	145 KB
vtkalglib-pv4.3.dll	2022/6/16 20:37	应用程序扩展	129 KB

图 5-31　Rsview 软件安装示意图

安装完成后会得到图 5-32 所示的软件界面：进入 File->Sensor network config，在 MSOP port 填入 6699。“6699”指的是 MSOP 端口号，可以从 Wireshark 中的报文里面得到，单击“OK”，如图 5-33 所示。

成功完成以上步骤后，就可以得到激光雷达检测到的点云数据了。拿起雷达晃两下，看看点云是否跟随雷达在晃动，表示雷达在实时显示点云，如图 5-34 所示。

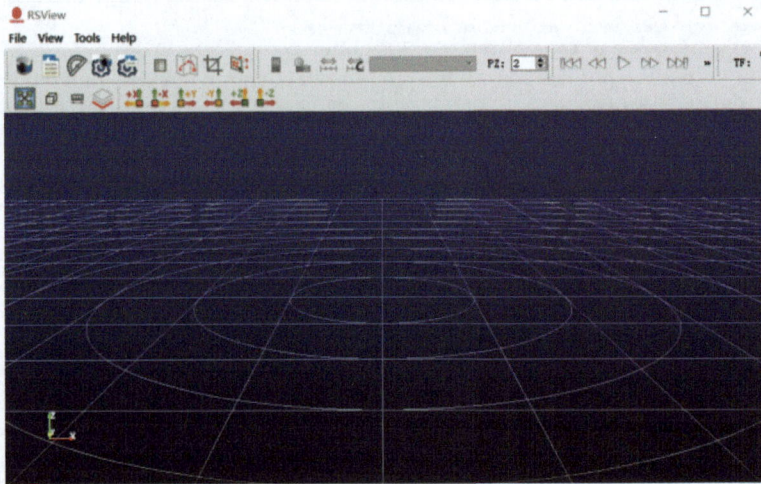

图 5-32　Rsview 软件界面

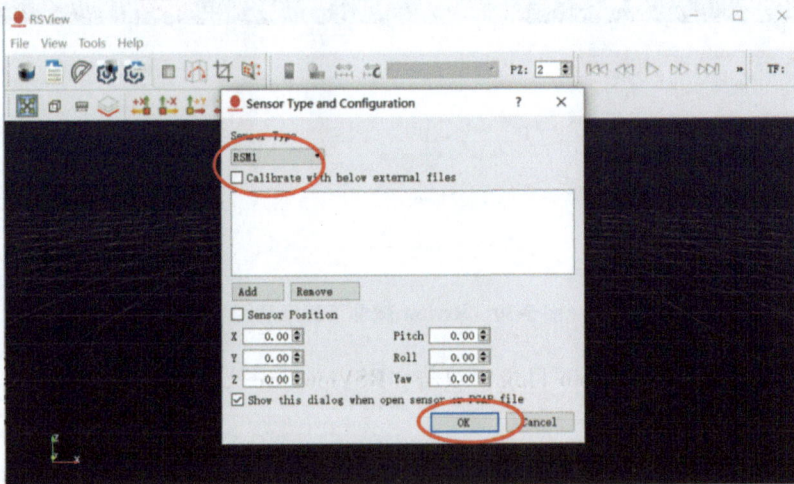

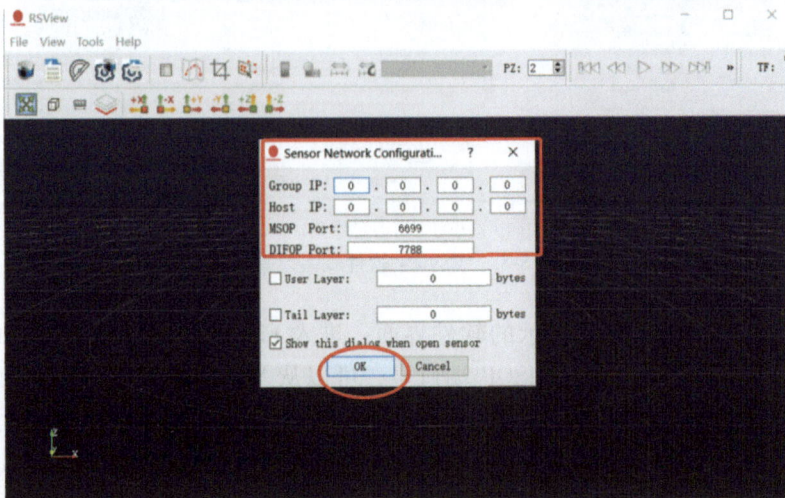

图 5-33　端口配置示意图

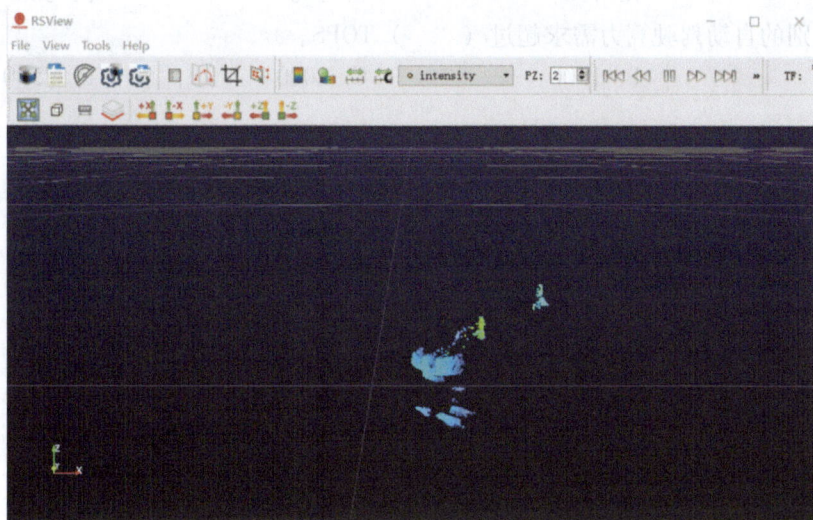

图 5-34　M1 激光雷达点云数据显示

【学习小结】

1. 激光雷达主要分成激光发射系统、扫描系统、激光接收系统和信息处理系统四大部分。

2. 车载激光雷达的测距原理主要有三角测距法、飞行时间法（Time of Flight，TOF）和调幅连续波（Amplitude Modulated Continuous Wave，AMCW）测距法。

3. 激光雷达的技术指标主要有最大探测距离、距离分辨率、测距精度、测量帧频、数据采样率、视场角、角度分辨率、波长等。

4. 激光雷达与摄像机的标定过程中，主要涉及世界坐标系、激光雷达坐标系、摄像机坐标系和图像坐标系四种坐标系。

5. 车载激光雷达的主要应用场景有障碍物分类、障碍物跟踪、车道标志线检测和高精度定位等。

【知识巩固】

一、填空题

1. 激光雷达主要由＿＿＿＿＿＿＿＿、＿＿＿＿＿＿＿＿、激光接收系统和信息处理系统组成。

2. 激光雷达是智能网联汽车自动驾驶＿＿＿＿＿＿＿级及以上的必备传感器之一。

3. 车载激光雷达的主要应用场景有＿＿＿＿＿＿＿＿、＿＿＿＿＿＿＿＿、＿＿＿＿＿＿＿＿和＿＿＿＿＿＿＿＿等。

4. L2 级别的自动驾驶算力需求一般为＿＿＿＿＿＿＿＿ TOPS。

二、选择题

1. 激光雷达的探测距离可达（　　　　）m 以上。

A. 120　　　　　　　B. 150　　　　　　　C. 200　　　　　　　D. 300

2. L5 级别的自动驾驶算力需求超过（　　）TOPS。

A. 1000　　　　　　　B. 1500　　　　　　　C. 2000　　　　　　　D. 2500

三、简答题

请具体阐述至少两种激光雷达的测距原理。

项目六

多传感器信息融合技术应用

【情景导入】

在沈海高速温州萧江路段，有一辆智能网联汽车发生了追尾事故。该车在事故发生时，是打开了辅助驾驶的，而且，发生事故时车主恰好正在喝水。最终，这辆智能网联汽车发生了追尾，撞上了位于其前方的车辆，还将前车顶出了几十米。

事实上，本次事故中的车辆，都配有雷达和摄像头，采用的是多传感器路线，目前官方还未公布造成事故的原因，但不可否认的是，现阶段无论是辅助驾驶还是自动驾驶，都无法保证百分百的安全。

本项目主要介绍多传感器信息融合技术的基本知识、多传感器信息融合原理及算法以及典型智能网联汽车传感器融合方案及应用。

【学习目标】

知识目标	技能目标	素养目标
1. 掌握并了解智能网联汽车多传感器融合技术的概念、定义以及该技术诞生的必然性 2. 掌握智能网联汽车多传感器信息融合层次、多传感器融合结构以及多传感器融合技术的相关知识	1. 掌握智能网联汽车多传感器融合技术面临的挑战与问题 2. 掌握智能网联汽车多传感器融合技术的优势 3. 掌握智能网联汽车摄像头与激光雷达融合的具体流程及应用	培养学生协作沟通能力，提高学生职业素养

【理论知识】

一、多传感器信息融合技术

1. 传感器融合的概念

如图 6-1 所示，以人的感知决策为例引入传感器融合的概念。可以简单地把人的眼、鼻、耳、口等比作感官输入，人的大脑作为中央处理器。人在做出决策前，往往会根据感观系统（眼、鼻、耳、口等）所得的信息进行分析处理，然后得出下一步应该做什么。

同理，传感器融合的概念也类似人的感知决策，它从多信息的角度综合处理各类信息，得到各种信息之间的内在联系和规律，剔除无用或者错误信息，保留有效信息，实现信息优化，为最终的决策提供一个更可靠的基础。

2. 多传感器融合的定义

智能网联汽车传感器融合（多传感器信息融合），是指将自动驾驶摄像头、激光雷达、毫米波雷达以及超声波雷达等多种传感器分别收集到的数据进行融合，然后利用计算机技术将来自多传感器或多源的信息和数据，在一定的准则下加以自动分析和综合，以完成所需要的决策和估计而进行的信息处理过程，以便更加准确可靠地描述外界环境，提高系统决策的正确性，如图 6-2 所示。

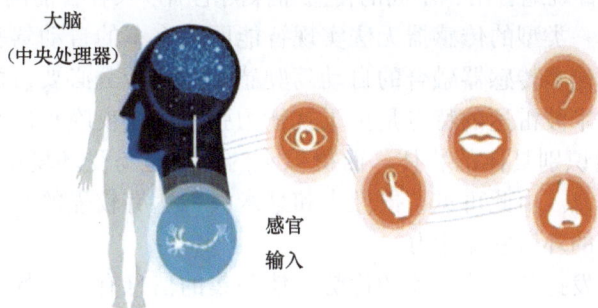

图 6-1　人的感知决策

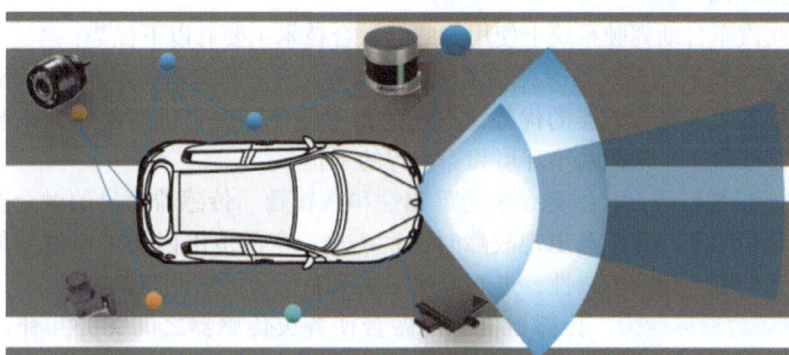

图 6-2　智能网联汽车传感器融合

3. 多传感器融合技术的必然性

智能网联汽车上所搭载传感器（摄像头、超声波雷达、毫米波雷达、激光雷达等）的原理和功能各不相同。它们在不同的应用场景下发挥着各自的优势，不可替代。图 6-3 所示为智能网联汽车常见的传感器探测范围及功能示意图。

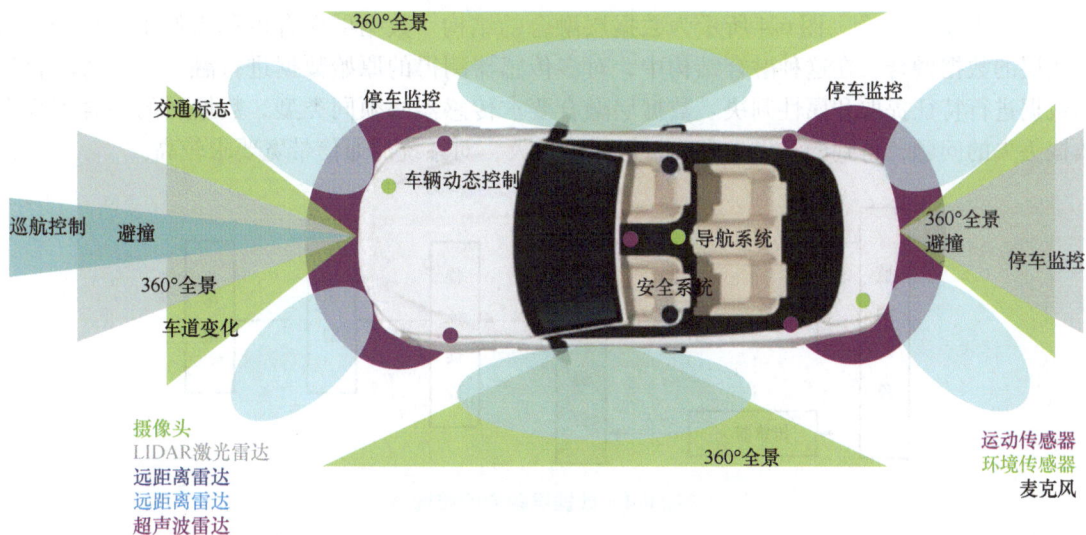

图 6-3　智能网联汽车常见的传感器探测范围及功能示意图

从图 6-3 中可以很直观地看出，不同的传感器探测范围以及在智能网联汽车上所应用的场景都各不相同。仅靠单一类型的传感器无法实现智能网联汽车的自动驾驶功能，因此多传感器之间的相互配合，构建多传感器融合的自动驾驶感知系统十分必要，例如，摄像头和毫米波雷达的相互融合。毫米波雷达的特点是抗干扰能力强，能在夜晚和雨雾等环境中工作，但是其分辨率较差，不能识别具体的物体。而摄像头的特点是易受环境影响，但是分辨率高，可以获取丰富的图像信息。由此可见，摄像头和毫米波雷达有较强的互补性，两者功能的互补可以有效地提高车辆的环境感知能力。

多传感器融合可以发挥各个传感器的优势，使采集的信息有一定的冗余度，即使某个传感器出现了问题也不会对行车安全造成过大的影响，显著提高系统的容错能力，从而为车辆决策提供一个可靠的基础，这是智能网联汽车自动驾驶的必然性。

4. 传感器融合的优势

在智能网联汽车自动驾驶系统上使用传感器融合技术主要有以下优势：

(1) 提高感知系统的感知准确性 多传感器优势互补，有效避免了单一传感器的局限性，可以最大限度地发挥各个传感器的优势，不同的传感器信息融合可以使感知系统获得被测物体多种不同的特征信息，从而减小环境和噪声等的干扰。

(2) 增加系统感知维度，提高系统的可靠性和鲁棒性 传感器信息的融合会带来信息的冗余度。当系统中的某一传感器出现故障时，系统在一定的范围内仍可通过其他相融合的传感器工作，使系统有一定的容错性，进而增加了决策系统的可靠性和鲁棒性。

(3) 增强环境适应能力 传感器信息的融合使各类传感器之间优势互补，使整个感知系统能够覆盖更广的空间，同时也弥补了单一传感器对空间的分辨率和环境的语义不确定性。

(4) 减少成本 传感器的融合使用，可以实现多个价格较低的传感器融合代替价格较高的传感器工作，在保证安全等性能的前提下，降低造车成本。

二、多传感器信息融合原理及算法

1. 多传感器信息融合层次

(1) 数据层融合 图 6-4 所示为数据层融合的结构。数据层融合也称为像素级融合，属于底层的数据融合。在这种融合结构中，对多传感器测得的原始数据进行融合，并对融合后的数据进行特征提取和属性判决。数据层融合要求传感器必须同类型。数据层的融合不存在数据丢失的问题，得到的结果也准确，但计算量大，对系统的通信带宽要求较高。

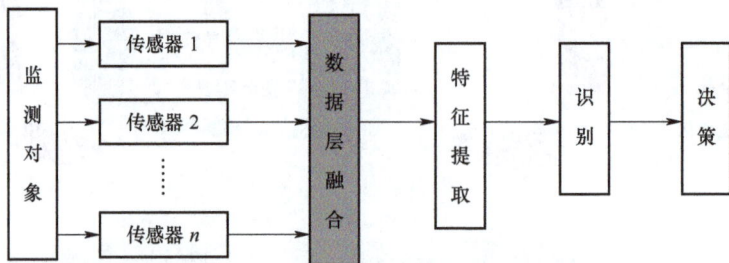

图 6-4　数据层融合的结构

(2) 特征层融合 特征层融合属于中间层次的融合，是指在提取所采集数据包含的特征之后的融合。特征层融合通过各传感器的原始数据并结合决策推理算法，对特征信息进行分类、汇集和综合，提取具有代表意义和统计信息的属性特征。在智能网联汽车传感器特征层融合中，这些特征包含边缘、方向、速度、形状和建筑等，特征层融合的结构如图 6-5 所示。

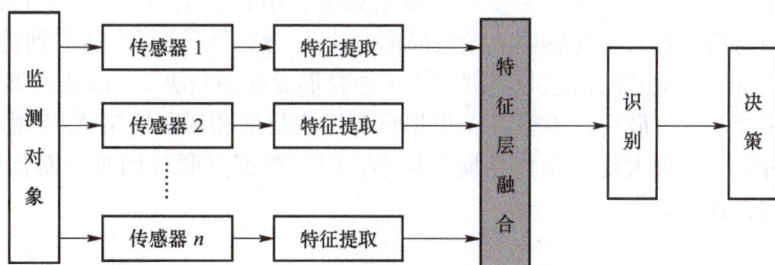

图 6-5　特征层融合的结构

特征层融合先对传感器信息进行压缩，再用计算机分析处理，所消耗的内存、时间和数量级相对会减少，因此实时性将会提高；但不可避免地在特征层的提取过程中会丢掉一部分的细节特征，导致融合信息准确性的下降。

（3）决策层融合　决策层融合属于高层次融合，是对数据高层次的抽象，输出是一个联合决策结果，在理论上这个联合决策应比任何单传感器决策更精确或更明确，其结构如图 6-6 所示。决策层融合在信息处理方面具有很高的灵活性，系统对信息传输带宽要求很低，能有效地融合反映环境或目标各个侧面的不同类型信息，可以处理非同步信息。但由于环境和目标的时变动态特性、先验知识获取的困难、知识库的巨量特性、面向对象的系统设计要求等，决策层融合理论与技术的发展仍受到一定的限制。

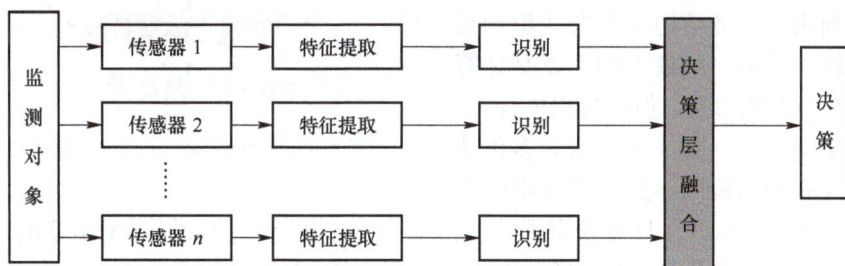

图 6-6　决策层融合的结构

为了更好地对比三种传感器融合层次的优缺点，表 6-1 列出了各融合层次在各方面的优缺点。

表 6-1　融合层次对比表

融合层次	计算量	容错性	信息损失	精度	抗干扰性	难度	实时性	融合水平
数据层	大	差	小	差	差	好	差	低
特征层	中	中	中	中	中	中	中	中
决策层	小	好	大	低	好	易	好	高

2. 多传感器融合结构

多传感器信息融合可以提高拥有多个传感器智能检测系统的性能，减少全体或者单个传感器信息检测的损失。从传感器和融合中信息流的关系来看，多传感器信息融合包括串联型、并联型和混联型结构。

（1）串联型结构 图 6-7 所示为多传感器信息融合串联型结构图。N 个传感器分别接收各自检测到的信息后，首先由传感器 1 做出局部判决 1，然后将该判决通信到传感器 2，此时传感器 2 则将自身所检测到的信息与局部判决 1 融合形成局部判决 2，以此类推，直至信息由传感器 1 传到传感器 N。最后，传感器 N 根据自身检测数据和局部决策 $N-1$ 融合做出最终的全局判决。这种结构的最大优点是信息损失量小，但是数据互联较困难，而且要求系统要有较强的容错能力，计算量大。

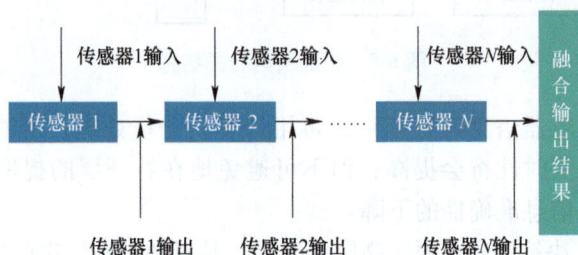

图 6-7　多传感器信息融合串联型结构图

（2）并联型结构 图 6-8 所示为多传感器信息融合并联型结构图。N 个传感器在收到未经处理的原始数据之后，在 N 个局部融合中分别做出判决，然后在融合中心通过融合得到全局判决。这种结构在分布式检测系统中的应用较为普遍，其最大的优点是计算负担小，系统生存能力强，但信息损失较大。

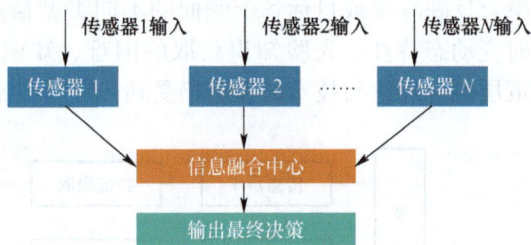

图 6-8　多传感器信息融合并联型结构图

（3）混联型结构 图 6-9 所示为多传感器信息融合混联型结构图。此结构是串联型结构和并联型结构的结合，具有较多形式。例如，总体是并联的，局部是串联的；或者总体串联、局部并联等结构形式。混联型结构结合串联型和并联型结构的优点。

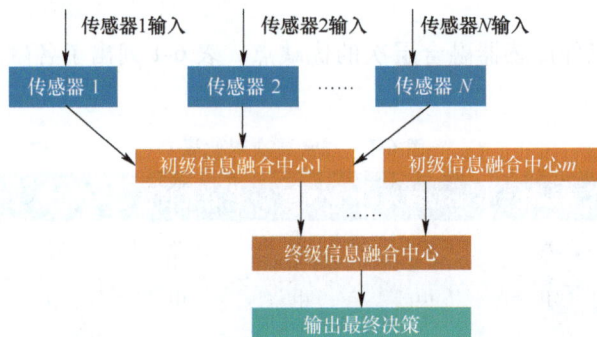

图 6-9　多传感器信息融合混联型结构图

为了更好地理解三种多传感器信息融合结构的优缺点，表6-2对三种结构做出一个比较，具体见表6-2。

表6-2　三种融合结构比较

融合结构	串联型	并联型	混联型
信息损失	小	大	中
精度	高	低	中
通信带宽	大	小	中
可靠性	低	高	高
计算速度	慢	快	中
可扩充性	差	好	一般
融合处理	复杂	容易	中等
融合控制	容易	复杂	中等

3. 多传感器融合技术

目前，智能网联汽车多传感器融合技术总体上可以分为前融合技术和后融合技术。

（1）多传感器前融合技术　如图6-10所示，多传感器前融合技术是指在原始数据层面上把所有传感器的数据信息直接融合，然后再根据融合后的数据进行功能感知，最后输出结果。

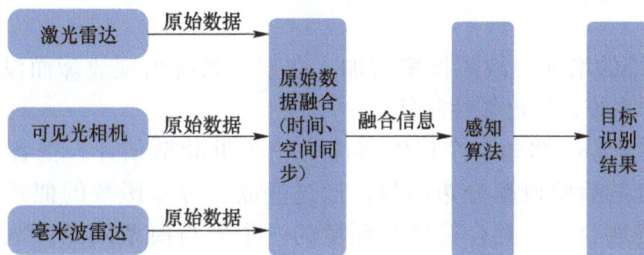

图6-10　多传感器前融合方法的结构

（2）多传感器后融合技术　如图6-11所示，多传感器后融合技术主要可以分为以下三步：

1）每个传感器各自独立处理生成的目标数据。

2）每个传感器都有自己独立的感知，比如激光雷达有激光雷达的感知，摄像头有摄像头的感知，毫米波雷达也会做出自己的感知。

3）当所有传感器完成目标数据生成后，再由主处理器进行数据融合。

4. 常用的多传感器信息融合算法

多传感器信息融合作为一种数据综合处理技术，实际上是许多传统学科和新技术的集成和应用。从信息融合的功能模型可以看到，融合的基本功能是相关、估计和识别，重点是估计和识别。相关处理要求对多传感器或多源测量信息的相关性进行定量分析，按照一定的判别原则，将信息分为不同的集合，每个集合的信息都与同一信源关联。解决相关问题的技术和算法有最邻近法则、最大似然法、最优差别、统计关联和联合统计观念等。常用的估计方法有卡尔曼滤波法、最大似然法和最小均方估计法等。信息源带有不确定性和随机性，因此，目标识别技术涉及众多的不确定性处理方法。

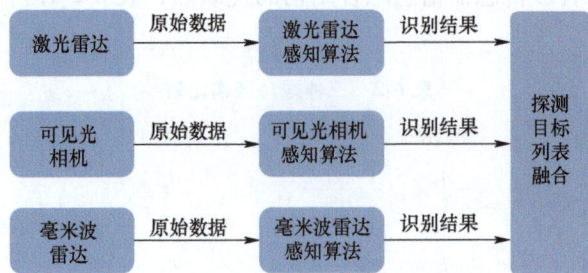

图6-11　多传感器后融合方法的结构

（1）加权平均法　信号级融合方法最简单直观的方法是加权平均法，将一组传感器提供的冗余信息进行加权平均，结果作为融合值。该方法是一种直接对数据源进行操作的方法。

（2）卡尔曼滤波法　卡尔曼滤波法主要用于融合低层次实时动态多传感器冗余数据。该方法用测量模型的统计特性递推，决定统计意义下的最优融合和数据估计。如果系统具有线性动力学模型，且系统与传感器的误差符合高斯白噪声模型，则卡尔曼滤波将为融合数据提供唯一统计意义下的最优估计。

卡尔曼滤波的递推特性使系统处理不需要大量的数据和计算。但是采用单一的卡尔曼滤波器对多传感器组合系统进行数据统计时，存在很多严重问题，例如：

1）在组合信息大量冗余情况下，计算量将以滤波器维数的三次方剧增，实时性难以满足。

2）传感器子系统的增加使故障概率增加，在某一系统出现故障而没有来得及被检测出时，故障会影响整个系统，使可靠性降低。

（3）多贝叶斯估计法　将每一个传感器作为一个贝叶斯估计，把各单独物体的关联概率分布合成一个联合的后验概率分布函数，通过使联合分布函数的似然函数为最小，提供多传感器信息的最终融合值，融合信息与环境的一个先验模型以提供整个环境的一个特征描述。

（4）D-S证据推理法　D-S证据推理法是贝叶斯推理的扩充，包含基本概率赋值函数、信任函数和似然函数三个基本要点。D-S证据推理法的推理结构是自上而下的，分为三级，第一级为目标合成，其作用是把来自独立传感器的观测结果合成为一个总的输出结果（ID）。第二级为推断，其作用是获得传感器的观测结果并进行推断，将传感器观测结果扩展成目标报告。这种推理的基础是：一定的传感器报告以某种可信度在逻辑上会产生可信的某些目标报告。第三级为更新，各传感器一般都存在随机误差，因此在时间上充分独立地来自同一传感器的一组连续报告比任何单一报告更加可靠。所以，在推理和多传感器合成之前，要先组合（更新）传感器的观测数据。

（5）人工神经网络法　神经网络具有很强的容错性以及自学习、自组织及自适应能力，能够模拟复杂的非线性映射。神经网络的这些特性和强大的非线性处理能力，恰好满足多传感器数据融合技术处理的要求。在多传感器系统中，各信息源所提供的环境信息都具有一定程度的不确定性，对这些不确定信息的融合过程实际上是一个不确定性推理过程。神经网络根据当前系统所接收的样本相似性确定分类标准，这种确定方法主要表现在网络的权值分布上，同时可以采用学习算法来获取知识，得到不确定性推理机制。利用神经网络的信号处理能力和自动推理功能，即实现了多传感器数据融合。

三、典型智能网联汽车传感器融合方案及应用

1. 摄像头与毫米波雷达的融合

车载摄像头和毫米波雷达的融合可以很好地实现两类传感器的优势互补。摄像头易受环境影响，但其分辨率高，可采集丰富的图像信息；毫米波雷达抗干扰能力强，但分辨率低，不能识别具体物体。两者的融合具有以下优势：

1）结果可靠性高：融合识别的目标真实，有效提高可靠性。

2）互补性强：可实现全天候应用与远近距离的探测。

3）精度高：两者融合后视场探测角大，可实现全距离条件下的高性能定位。

4）识别能力强：能有效识别各种复杂目标物。

在智能驾驶场景下，视觉传感器与毫米波雷达的数据融合大致有图像级融合、目标级融合和信号级融合三种策略。图像级融合是以视觉传感器为主体，将毫米波雷达输出的整体信息进行图像特征转化，然后与视觉系统的图像输出进行融合；目标级融合是对视觉传感器和毫米波雷达输出进行综合可信度加权，配合精度标定信息进行自适应的搜索匹配后融合输出；信号级融合是对视觉传感器和毫米波雷达传出的数据源进行融合，信号级融合的数据损失最小、可靠性最高，但运算成本高。

2. 摄像头与激光雷达的融合

摄像头与激光雷达的融合是智能网联汽车上传感器融合的经典方案。在无人驾驶应用中，摄像头传感器价格便宜，但受光线影响较大，导致其可靠性较低；激光雷达传感器探测距离远，能有效检测运动物体，可靠性高，但是价格高昂。

摄像头通常用于车道线检测、障碍物检测和交通标志识别等，激光雷达常用于路沿检测、动态和静态物体识别以及高精度定位等，两者的融合可有效提高检测精度。例如对于动态目标物识别，摄像头能通过前后两帧的数据判断图片中的目标物是否为同一个，而激光雷达可以通过测得数据得到目标物的移动速度、方向和距离等信息，两者的融合让探测的数据更完整全面。对于安全性要求为100%智能网联汽车无人驾驶技术，摄像头和激光雷达的融合是传感器融合技术未来的发展趋势。

3. 毫米波雷达与激光雷达的融合

毫米波雷达与激光雷达的融合是一种较新的融合方案。毫米波雷达是智能网联汽车无人驾驶技术的核心传感器，具有体积小、重量轻、抗干扰能力强、价格相对便宜等优势，但受波长等的影响。毫米波雷达具有探测距离有限且不能识别具体物体，以及无法对周边障碍物建模等劣势。而这些劣势恰巧是激光雷达的优点，两者可以很好地实现优势互补。两者的融合使用，有望在保证功能覆盖和安全性的前提下，减少激光雷达的使用数量，降低成本。

另外，由于目前除特斯拉外的大部分车企都是采用多传感器布置的技术方案，以及未来激光雷达成本的可控和人们对智能驾驶越来越高的要求，除上述三种融合方案外，激光雷达、毫米波雷达以及摄像头等多种环境感知传感器的融合，或将成为智能驾驶环境感知的最终解决方案。

【技能提升】

下面以智能网联汽车激光雷达和摄像头的融合为例，介绍两种传感器融合应用的整个流

程。激光雷达和摄像头的融合过程可以分为融合原始数据（像素和点云过程）的早期融合过程和融合结果（激光雷达和相机边界框）的后期融合过程。

1. 像素和点云的原始数据融合过程

像素和点云的原始数据融合过程最常见的方法就是将点云数据（3D）投射到 2D 的图像上，然后检查点云和相机检测到的 2D 边界框的重合度。整个过程可以分为以下三步：

（1）3D 点云数据投射到 2D 图像

1）首先，将每个 3D 激光雷达点转换为齐次坐标，并输出激光雷达帧/齐次坐标。

2）其次，应用该转换点的投影方程（平移和旋转）将该点从激光雷达帧转换为相机帧，输出相机帧/齐次坐标。

3）最后，将点转换回欧几里得坐标，输出相机帧/欧几里得坐标。

3D 点云到 2D 图像的处理结果如图 6-12 所示。

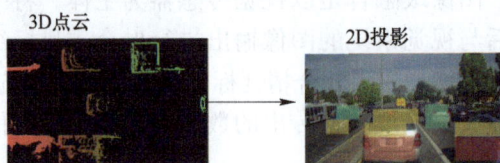

图 6-12　3D 点云到 2D 图像的处理结果

（2）对 2D 对象的检测　对 2D 对象的检测步骤主要是利用相机检测目标物，所用的方法多为深度学习类的方法，如 YOLOV5 等。

（3）感兴趣区域匹配（Region of Interest，ROI）　感兴趣区域匹配步骤主要是简单地融合每个边框的数据。

经过以上三个步骤，可以得到像素和点云的原始数据融合过程，如图 6-13 所示。

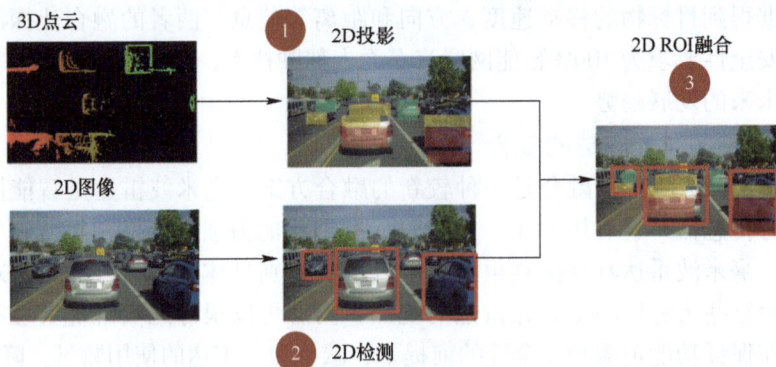

图 6-13　像素和点云的原始数据融合过程

2. 激光雷达和相机边界框的融合结果过程

激光雷达和相机边界框的融合结果过程是在独立检测后融合结果，可以想到的一种方法是运行独立检测，在两端获得 3D 边界框，然后融合结果。另一种方法是运行独立检测，得到两端的 2D 边界框，然后融合结果。下面具体 3D 整个过程同样分为以下三步：

（1）3D 障碍物检测（激光雷达）　使用激光雷达在 3D 信息中寻找障碍物，实现该过程的方法有无监督的 3D 机器学习和深度学习等。

（2）3D 障碍物检测（相机）　3D 障碍物检测这个过程相对困难，尤其是在使用单目相机时。在 3D 中寻找障碍物需要准确地知道投影值（内在和外在校准）并使用深度学习。如果想获得正确的边界框，了解车辆的大小和方向也至关重要。

（3）IOU（Intersection Over Union）**匹配**　IOU 匹配过程分为空间上的 IOU 匹配和时间上的 IOU 匹配。空间上的 IOU 匹配过程相对简单：如果来自摄像头和激光雷达的边界框在 2D 或 3D 中重叠，认为障碍是相同的。利用这个想法，可以将空间中的物体关联起来，从而在不同的传感器之间进行关联，如图 6-14 所示。

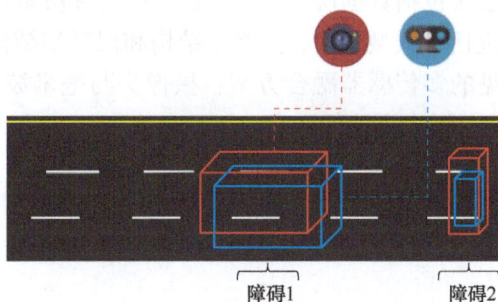

图 6-14　空间 IOU 匹配示意图

时间上的 IOU 匹配一般是用卡尔曼滤波等算法，从帧到帧在时间上关联对象，使人们能够在帧之间跟踪目标对象，甚至预测目标的位置，如图 6-15 所示。其匹配原理为：如果从第一帧到第二帧的边界框重叠，认为这个障碍物是相同的。

图 6-15　时间 IOU 匹配示意图

经过以上三个步骤，可以得到激光雷达和相机边界框的融合结果过程，如图 6-16 所示。

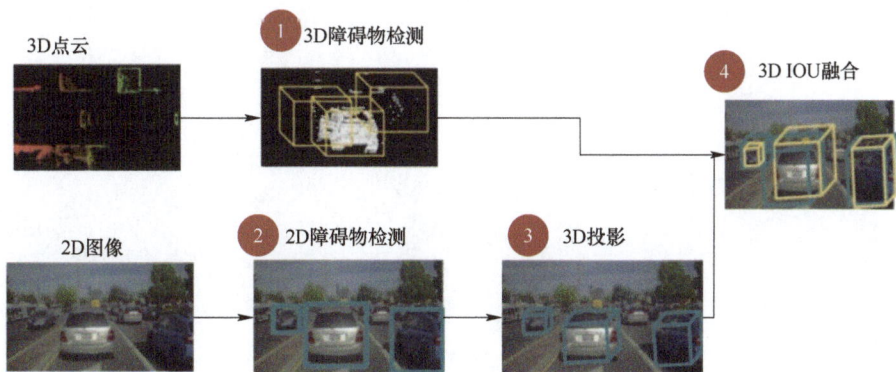

图 6-16　激光雷达和相机边界框的融合结果过程

【学习小结】

1. 智能网联汽车传感器融合（多传感器信息融合），是指将自动驾驶摄像头、激光雷达、毫米波雷达以及超声波雷达等多种传感器分别收集到的数据进行融合。

2. 传感器融合的优势：提高感知系统的感知准确性；增加系统感知维度，提高系统的可靠性和鲁棒性；增强环境适应能力；减少成本。

3. 多传感器信息融合层次包括数据层融合、特征层融合和决策层融合。

4. 多传感器融合结构包括串联型结构、并联型结构和混联型结构。

5. 智能网联汽车上常见的多传感器融合方案：摄像头与毫米波雷达的融合、摄像头与激光雷达的融合、毫米波雷达与激光雷达的融合。

【知识巩固】

一、填空题

1. 智能网联汽车传感器融合主要包括的传感器有_____、_____、_____和_____等。

2. 传感器融合技术面临的挑战与问题：数据对齐、传感器观测数据的不准确性、数据关联、_____和_____。

3. 多传感器信息融合层次包括_____、_____和_____。

4. 多传感器融合结构包括_____、_____和_____。

5. 智能网联汽车多传感器融合技术总体上可以分为_____和_____。

6. 激光雷达和摄像头的融合过程可以分为_____、_____。

二、简答题

1. 简述传感器融合的定义。
2. 简述智能网联汽车多传感器融合具体都有哪些典型的方案。
3. 简述摄像头与毫米波雷达融合的优势。

项目七

智能网联汽车 V2X 通信技术应用

V2X 技术可以减少车辆碰撞事故的发生，具体是怎么实现的呢？例如当前方的车辆紧急制动时，只有紧随其后的车辆才能看到前方车辆有制动的动作，然后一辆接一辆地看前车的制动灯信号来制动。这种情况往往留给后车的制动时间是不够的，但是如果每辆车都装备了V2X 功能，就不会发生连环碰撞的车祸。当前车判断到驾驶人有踩制动踏板的动作时，会将制动信号广播出去，当然，广播是无线信号传输的一种方式，而不是类似于现在的倒车请注意类的提醒。通过无线广播将制动信息发送给后边几百米内的所有车辆，然后给后边车的驾驶人预留足够的制动和变道时间，从而避免碰撞的发生。不同于雷达摄像头会受到大雾、雨雪等天气情况的影响，即便在恶劣天气下也能稳定地发挥作用。

【学习目标】

知识目标	技能目标	素养目标
掌握智能网联汽车 V2X 通信技术的定义以及 V2X 技术的分类等相关基本知识	1. 掌握 5G 通信技术在智能网联汽车上的应用 2. 掌握智能网联汽车 V2X 通信技术存在的安全风险	提高学生安全意识，养成规范操作的习惯

【理论知识】

一、V2X 通信技术

1. V2X 通信技术的定义

V2X 通信技术是一种车用无线通信技术，可实现车辆与一切事物的连接。其中，V 表示车辆，X 表示一切与车辆有交互的对象。目前，X 主要包含车辆、行人、路侧基础设施和网联等，具体如图 7-1 所示。

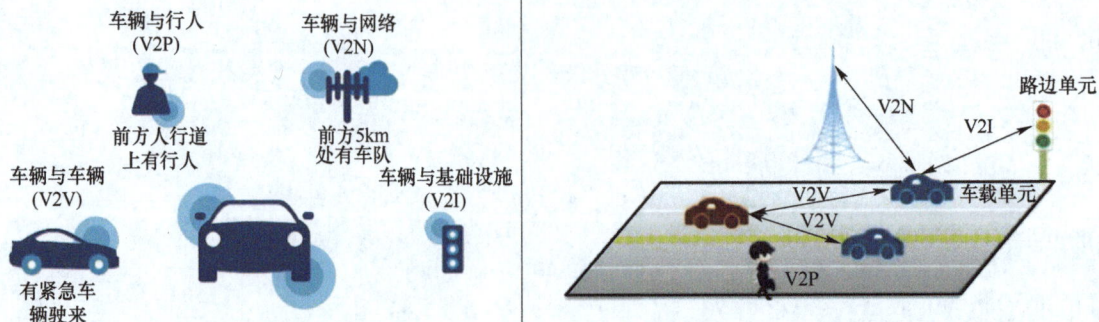

图 7-1　V2X 通信技术示意图

由图 7-1 中的 V2X 通信示意图可知，V2X 的交互信息主要包括车辆与车辆（V2V）、车辆与行人（V2P）、车辆与基础设施（V2I）以及车辆与网络（V2N）之间的通信。

（1）V2V 通信技术　V2V 是指通过车辆的终端实现车辆与车辆之间的通信。其中，车辆终端可以实时获取周围车辆的速度、加速度和位置等行车信息；另外，车辆之间也可以利用终端技术构成一个信息交互平台，分享图片和视频等娱乐信息。V2V 通信的主要目的是通过车辆之间信息的交互来减少甚至是避免交通事故，同时，V2V 技术还可以应用于车辆的监督管理等。

（2）V2P 通信技术　V2P 是指弱势交通参与者（行人、骑行者等）使用用户设备（包括手机、智能穿戴等）与车载设备进行通信。V2P 主要应用于减少或避免车辆与行人之间的交通事故。

（3）V2I 通信技术　V2I 指车载设备与基础设施（如红绿灯、交通摄像头、路侧单元等）之间进行通信，其中，路侧单元可以获取周围车辆的信息并实时发布出去。V2I 通信技术主要应用于实时信息服务、车辆监控以及不停车收费等。

（4）V2N 通信技术　V2N 是指车载设备通过接入网/核心网与云平台连接，云平台与车辆之间进行数据交互，并对获取的数据进行存储和处理，提供车辆所需的各类应用服务。V2N 通信主要应用于车辆导航、车辆远程监控、紧急救援以及信息娱乐服务等。

V2X 将"人、车、路、云"等交通参与要素有机地联系在一起，不仅可以支撑车辆获得比单车感知更多的信息，促进自动驾驶技术创新和应用；还有利于构建一个智慧的交通体系，促进汽车和交通服务的新模式、新业态发展，对提高交通效率、节省资源、减少污染、降低事故发生率以及改善交通管理具有重要意义。

2. V2X 技术分类

目前，V2X 通信技术可以分为两条技术路线，分别是基于 DSRC（Dedicated Short Range Communication，即专用短程通信技术）和基于 C-V2X（Cellular V2X，即以蜂窝通信技术为基础的 V2X）。

（1）DSRC　DSRC 是一种高效的短程无线通信技术，它可以实现数据的高效传输和中短距离的通信服务，主要依靠路边的 WiFi 发射器。

1999 年，美国联邦通信委员会（Federal Commnication Commission，FCC）决定将 5.9GHz（<5.850~5.925GHz）频段分配给汽车通信使用，并鼓励快速开发、采用 DSRC 和应用，目的是提升公共安全和改善交通拥堵状况。在物理层和 MAC 等技术底层，DSRC 主要使用 IEEE 802.11p 标准，上层则采用 IEEE 1609 系列标准。其中，802.11p 将带宽从 20MHz 改为 10MHz，输出为 27Mbit/s。这种方式使数据持续时间和保护间隔时间增加了一倍，提高了信号的稳定性，适用于各种天气环境下的高速车辆通信。其实人们对于这项技术并不陌生，它是现代生活中不可缺少的专用短程通信技术。例如，生活中最常见的应用就是高速公路的 ETC 收费，DSRC 就是 ETC 识别车辆、电子扣费的关键。

DSRC 的特点是对短程（数十米的距离）高速行驶的车辆进行识别和连接。从以上应用也可以看出，其技术比较成熟、稳定，当前被广泛认可。图 7-2 所示为 DSRC 通信系统的组成示意图。

从图 7-2 中可以看出，DSRC 系统主要由车载单元（OBU）、路侧单元（RSU）以及 DSRC 相关协议组成。路侧单元通过光纤连入互联网，车辆在该系统中可以实现 V2V 和 V2I 等安全业务。车辆与车辆之间的信息交换通过车载单元和路侧单元之间的通信来实现，可以看出，在 DSRC 的系统构架中，需要部署大量的路侧单元才能较好地满足使用需求，基础建设成本高。

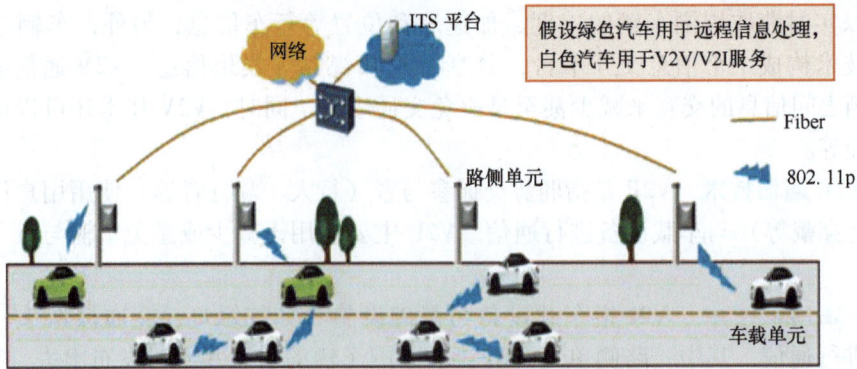

图 7-2　DSRC 通信系统的组成示意图

（2）C-V2X　C-V2X 是以 LTE-V 技术为基础，通过 LTE-V-Direct（短程直通链路式）和 LTE-V-Cell（蜂窝链路式）两大技术的支持，在 V2V、V2P 和 V2I 中广泛应用。

LTE-V 是指基于 LTE 的智能网联汽车协议，由 3GPP 主导定制的规范，主要参与的厂商有华为和 LG 等。LTE-V 是 C-V2X 现阶段的主流解决方案，如图 7-3 所示，LTE-V 按照全球统一规定的体系构架以及通信协议和数据交互标准，在车辆与车辆、车辆与路侧基础设施、车辆与行人之间组网，构建数据共享桥梁，为实现智能化的动态信息服务、车辆安全驾驶和智能交通管制等提供基础条件。

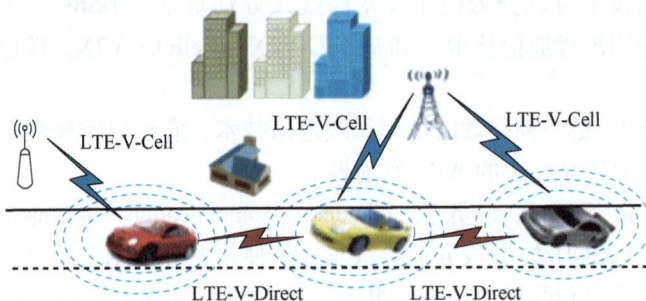

图 7-3　C-V2X 通信系统的组成示意图

由于 LTE-V 技术类似于基站发射 4G 信号，比靠 WiFi 发射器的 DSRC 技术更稳定，而且 LTE-V 技术减少了路侧单元，使通信更便利。

（3）DSRC 与 C-V2X 的比较　目前，相比于 DSRC，C-V2X 具有明显优势，具体如下：

1）基于蜂窝网络，4G 网络和 5G 网络可以复用，降低部署成本。

2）网络覆盖广，网络运营模式和盈利模式清晰。

3）3GPP 标准制定，全球通用，可使用单一的 LTE 芯片组，模块成本大幅降低。

4）C-V2X 作为 5G 的重要组成部分正持续演进。

我国拥有全球最大的 LTE 网络现状，结合 C-V2X 演进技术来看，C-V2X 是我国 V2X 技术的首选。图 7-4 所示为 DSRC 与 C-V2X 应用的大概比较。

	DSRC 专用短距离通信	C-V2X 蜂窝车联网
支持者:		
通信基础:	无线LAN(比如WiFi)	LTE(比如4G/5G网络)
目前情况:	发展20多年，具备先发优势， 有美国政府和欧盟支持	发展2年多，2019年发展迅速，生 态系统更开放
缺点:	在高速移动场景中会出现信号 骤降、可靠性差、时延抖动现 象	需要大规模蜂窝网络终端基础， 欧洲多国不具备此条件

图 7-4　DSRC 与 C-V2X 应用的大概比较

3. 5G 通信技术在智能网联汽车上的应用

5G 是指第 5 代移动通信系统，是对现有无线接入技术（2G、3G、4G、WiFi 等）的演进，以及一些新增的补充性无线接入技术集成后的解决方案的总称。5G 网络将融合多类无线接入技术和网络功能，包括蜂窝网络、无线局域网、大规模多天线网络和小型基站等，并通过统一的核心网络进行管控，从而提供高速低延迟的用户体验。图 7-5 形象地表示了 5G 网络的速度。

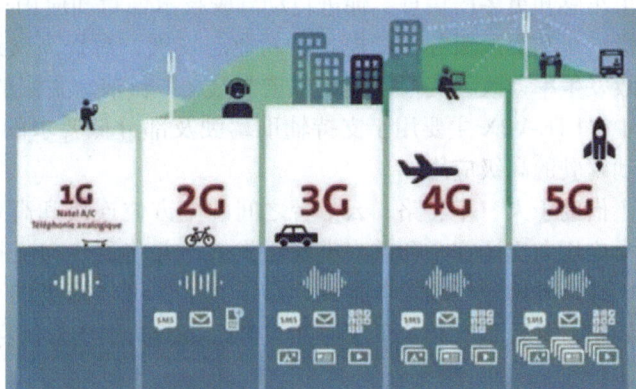

图 7-5　移动通信技术的演进

在智能网联汽车的应用上，5G 网络具有超大带宽和超低延迟的特性，可以实时地搜集到更多、更准确的环境信息。因此，5G 技术能够加速推进 C-V2X 在智能网联汽车上的应用，有效增强行车安全性、减少通行等待时间、提高能源利用率等。

4. V2X 通信技术存在的安全风险

V2X 通信技术是一种信息高度开放分享的技术，运用得当将造福人类，减少各类交通事故、提高能源利用效率、缩短通信时间等；但若应用不当，则会造成难以想象的灾难。V2X 通信技术的安全风险主要来自网络通信、业务应用、车载终端和路侧基础设备。

（1）网络通信

1）蜂窝通信接口。在蜂窝通信接口场景下，V2X 通信系统面临的安全风险主要有假冒终端、伪基站、信令/数据窃听以及信令/数据篡改/重放等，这些风险均有可能危害 V2X 智能网联业务安全。

2）直连通信接口。在短距离直连通信场景下，V2X 通信系统面临着虚假信息、假冒终端、信息篡改/重放以及隐私泄露等安全风险，直接威胁着用户的安全。

（2）业务应用　V2X 业务应用包括基于云平台的业务应用以及基于 PC5/V5 接口的直连

通信业务应用。基于云平台的应用以蜂窝通信为基础，在流程、机制等方面与移动互联网通信模式相同，存在假冒用户、假冒业务服务器、非授权访问以及数据安全等安全风险；直连通信业务应用以网络层 PC5 广播通道为基础，在应用层通过 V5 接口实现，该场景下主要面临着假冒用户、消息篡改/伪造/重放、隐私泄露以及消息风暴等安全风险。

（3）车载终端 车载终端除了传统的导航能力，未来更是会集成移动办公、车辆控制、辅助驾驶和自动驾驶等功能。功能的高度集成也使车载终端更容易成为黑客攻击的目标，可能造成信息泄露和车辆失控等重大安全问题。因此，车载终端面临着比传统终端更大的安全风险。

（4）路侧基础设备 路侧设备是 V2X 智能网联系统的核心单元，它的安全关系到车辆、行人和道路交通的整体安全。路侧设备面临非法接入、运行环境风险、远程升级风险和部署维护风险等。

二、智能网联汽车 V2X 通信技术的应用

V2X 将"人、车、路、云"等交通参与要素有机地联系在一起，不仅可以支撑车辆获得比单车感知更多的信息，促进自动驾驶技术创新和应用；还有利于构建一个智慧的交通体系，促进汽车和交通服务的新模式、新业态发展，对提高交通效率、节省资源、减少污染、降低事故发生率、改善交通管理具有重要意义。目前，主流的 C-V2X 技术相比于 DSRC 更有优势，其中，LTE-V2X 主要用于支持辅助驾驶及部分低要求的自动驾驶应用，而 5G-V2X 用于面向自动驾驶的高级应用。

借助于人、车、路、云平台之间的全方位连接和高效信息交互，C-V2X 目前正从信息服务类应用向交通安全和效率类应用发展，并将逐步向支持实现自动驾驶的协同服务类应用演进。综合考虑应用场景各指标的需求程度，可将演进的车联网场景按需求分为安全驾驶、驾驶效率、远程驾驶和信息服务四大类，每一类别场景都存在共性需求特征。

1. 安全驾驶场景及需求

如图 7-6 所示，常见的安全驾驶类场景包括车辆汇入汇出、弱势交通参与者识别、基于车路协同的交叉口通行、交通参与者感知数据共享、协作式匝道汇入、道路交通事件提醒。

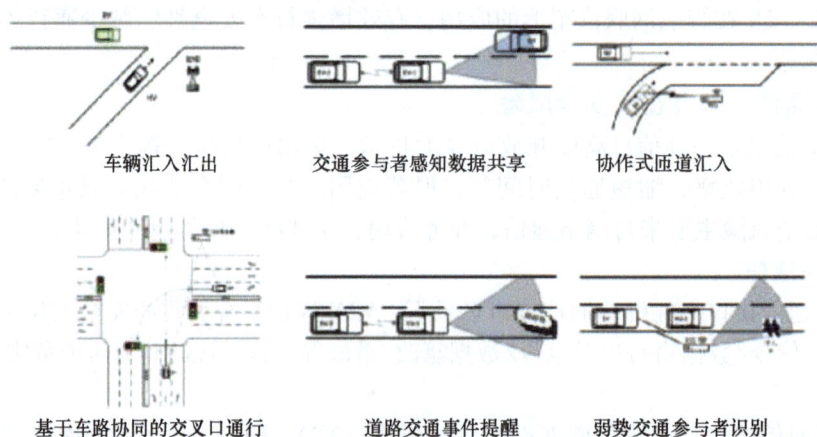

车辆汇入汇出　　　　交通参与者感知数据共享　　　　协作式匝道汇入

基于车路协同的交叉口通行　　　　道路交通事件提醒　　　　弱势交通参与者识别

图 7-6　安全驾驶场景

安全驾驶类场景通常通信范围小，可靠性高，业务连续性需求低，计算需求普遍较低，

除部分涉及感知需求的场景外，其他场景计算和存储能力需求都不高。具体来说，时延≤100ms，涉及决策信息时≤20ms；数据包≤1600Bytes，以结构化数据为主，数据包发送频率≥10Hz；通信范围≥300m；可靠性范围为99%～99.999%；定位精度要≤1m；都有广播、单播需求，部分场景有组播需求。

2. 驾驶效率场景及需求

驾驶效率类场景又可细分为编队类场景、精细化路径引导类场景和智能交通管理类场景三类。

（1）编队类场景　图 7-7 所示为编队类场景，包括车辆编队行驶和协作式车队管理等。编队类场景要求时延低，可靠性高，数据包发送频率高，业务连续性和平台计算需求总体较低。具体来说，时延在队内通信≤20ms，队外通信≤100ms；可靠性范围为99%～99.99%；数据包发送频率≥35Hz；通信范围≥300m；车速≤120km/h；定位精度≤1m；协作式管理类对业务连续性需求高，交互类要求较低；涉及车队管理的对平台计算需求高，其他场景对平台计算需求低。

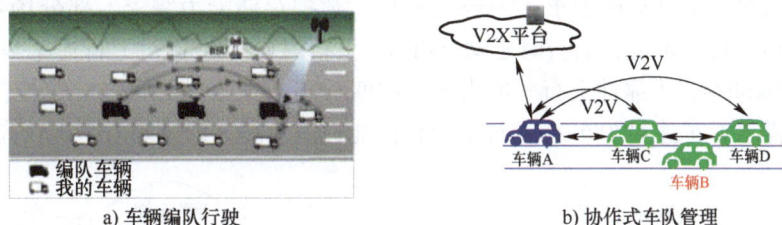

图 7-7　编队类场景

（2）精细化路径引导类场景　图 7-8 所示为精细化路径引导类场景，包括智能停车引导、局部路段引导和车辆场站路径引导等，此类场景对速率、定位精度和计算需求高。具体来说，时延≤100ms；下行速率≤100Mbit/s，上行速率≤20Mbit/s；数据包发送频率≥10Hz；可靠性范围为99%～99.9%；定位精度≤0.5m；业务连续性低；对平台的计算及存储要求较高。

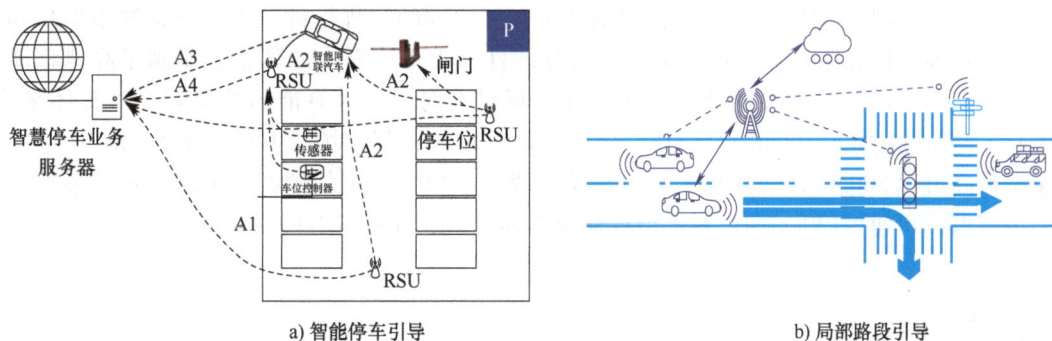

图 7-8　精细化路径引导类场景

（3）智能交通管理类场景　图 7-9 所示为智能交通管理类场景，包括浮动车数据采集、基于实时网联数据的交通信号配时动态优化等。对平台计算能力需求低，存储能力部分场景较高。时延≤100ms；部分场景车云通信≤1000ms；数据包≤1200Bytes；可靠性99%～99.9%；平台计算能力需求低，存储能力部分场景较高。

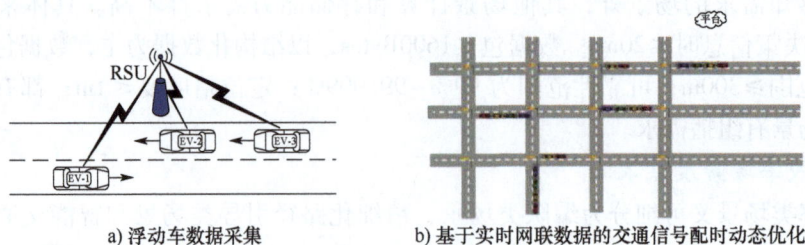

a) 浮动车数据采集
b) 基于实时网联数据的交通信号配时动态优化

图 7-9   智能交通管理类场景

3. 远程驾驶类场景及需求

图 7-10 所示为远程驾驶类场景，包括远程端为驾驶人，向车辆发送控制指令或形式建议的远程驾驶，如远程接管等场景，以及远程控制端为平台程序，对车端进行控制实现自动泊车，如自动代客泊车等。远程驾驶类场景通常都属于连续性有大带宽上行以及低时延下行需求的场景，需满足高速移动性需求，平台需满足大数据存储能力需求，部分场景对时延和计算能力要求较高。具体来说，上行时延≤100ms，下行时延≤20ms；上行速率≥60Mbit/s，下行速率约为 400kbit/s；可靠性上行一般大于 99.9%，下行大于 99.999%；定位精度≤1m；对业务连续性有需求；车速≤70km/h；对平台存储能力需求高，计算能力需求较高。

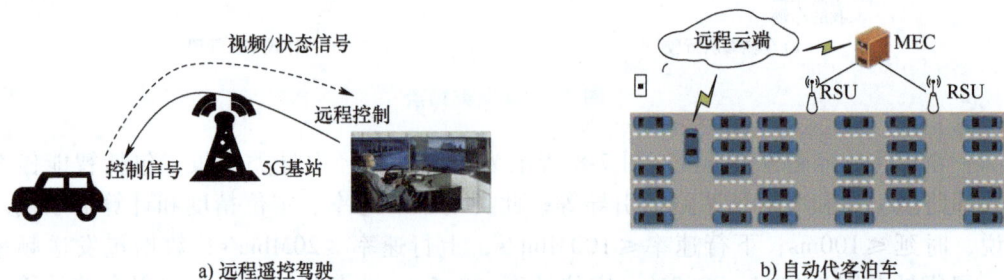

a) 远程遥控驾驶
b) 自动代客泊车

图 7-10   远程驾驶类场景

4. 信息服务类场景及需求

图 7-11 所示为信息服务类场景，包括基于车路协同的远程软件升级、车载娱乐信息和差分数据服务等。信息服务类场景通常都需要连续性有大带宽需求的场景，需满足高速移动性需求，平台需满足大数据存储能力需求，部分场景对时延和计算能力要求较高。具体来说，与中心平台交互时延≤100ms，与 MEC 交互时延≤20ms；部分场景上行速率≥200Mbit/s，下行速率最高可达 500Mbit/s~1Gbit/s；可靠性一般大于 99%；定位精度为米级；对业务连续性有一定需求；车速≤120km/h；对平台存储能力需求高，计算能力视情况而定。

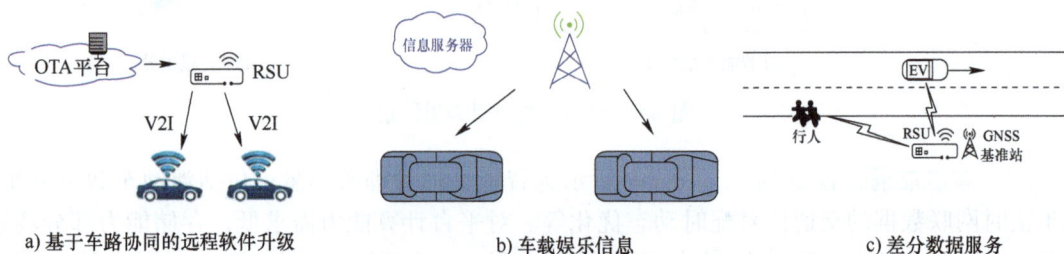

a) 基于车路协同的远程软件升级
b) 车载娱乐信息
c) 差分数据服务

图 7-11   信息服务类场景

三、车路协同控制技术

1. 车路协同控制的定义

智能车路协同系统（Intelligent Vehicle Infrastructure Cooperative Systems，IVICS），简称车路协同系统，主要是通过多学科交叉与融合，采用无线通信和传感探测等先进技术手段，实现对人、车、路信息的全面感知和车辆与基础设施之间、车辆与车辆之间的智能协同和配合，从而达到优化并利用系统资源、提高道路交通安全和效率、缓解道路交通拥挤的目标。车路协同的实质就是将控制指挥与道路交通条件的需求相匹配，从而实现交通的安全、环保和高效，如图 7-12 所示。

图 7-12　车路协同控制系统

2. 车路协同控制的构架

图 7-13 所示为车辆协同控制的构架示意图，车路协同通过"端""管""云"三层构架实现环境感知、数据融合计算和决策控制，从而提供安全、高效、便捷的智慧交通服务。

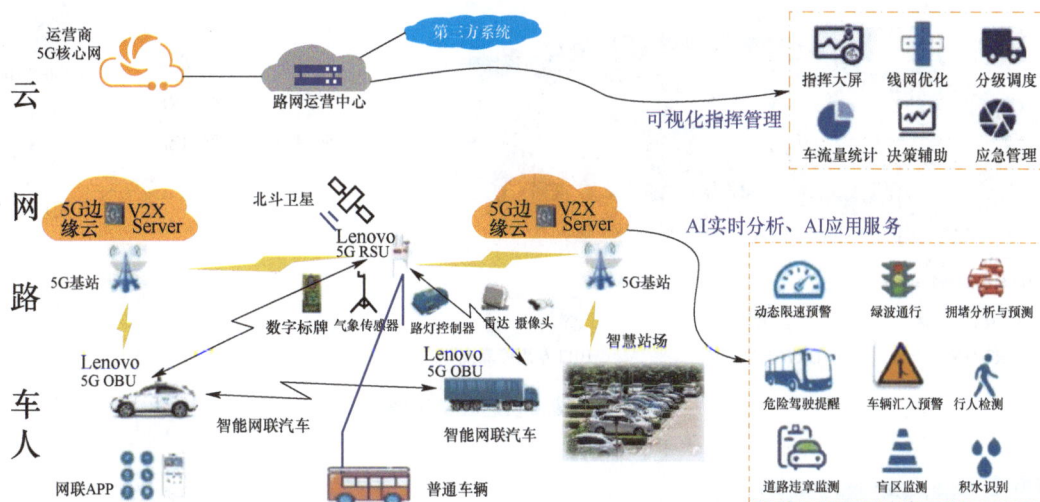

图 7-13　车辆协同控制的构架示意图

1）端：指智能交通服务中实际参与的实体元素，包括具有通信功能的车载单元和路侧单元等，具有感知功能的摄像头和毫米波雷达等，以及路侧的红绿灯、电子标识牌等基础设施。

2）管：指实现各交通实体元素互联互通的网络，包括 4G/5G、C-V2X 等，网络支持根据业务需求灵活配合，同时保障通信安全可靠。

3）云：指实现数据汇集、计算、分析、决策以及基本运维管理功能的平台，根据业务需求可部署在边缘侧或中心云。

在"端-管-云"新型交通架构下，车端和路端将实现基础设施的全面信息化，形成底层和顶层的数字化映射；5G 与 C-V2X 联合组网可构建覆盖蜂窝通信与直联通信协同的融合网络，可保障智慧交通业务的连续性；人工智能和大数据可实现海量数据分析与实时决策，建立起智慧交通的一体化管控平台。

3. 车路协同控制的实际应用

（1）智慧停车场 智慧停车场由车端、场端和边缘云构成。车辆进入智慧停车场后，开启自动泊车功能，车辆接收到边缘云发送的空车位信息以及精确的定位和导航路径信息等，车辆沿着规划的路径驶入空闲车位，在驶入过程中路边的路侧单元也会实时发送信息，修正行驶轨迹。

（2）城市快速公交系统 快速公交系统（BRT）如图 7-14 所示，具有快速、高容、舒适以及经济等特点，得到了广泛应用。由于 BRT 拥有独一无二的高架专用道路和车站，因此是5G 车路协同技术应用落地的最优示范场景之一。5G 车路协同是实现 BRT 智能化必不可少的路径，通过车和路侧交通基础设施、车和车以及车与智慧公交大数据平台等实时信息交互，可获取更广范围的交通信息，可实现感知信息的共享以及可辅助车辆进行决策和控制；智慧公交大数据平台通过乘客交通量分析、职住空间分析和车站人流监控，实现智能公交运行过程中海量实时数据的智能、高效、可靠交互。

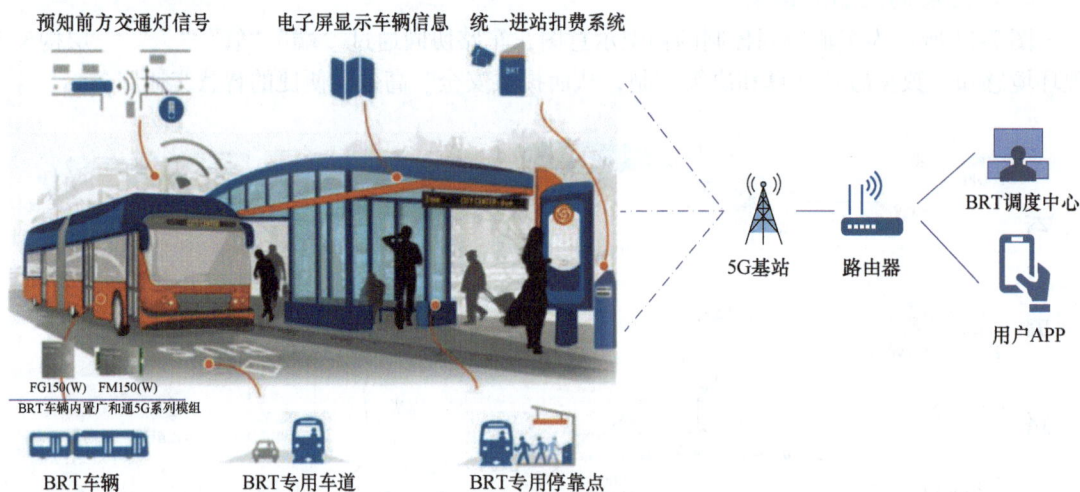

图 7-14 城市快速公交系统

【学习小结】

1. V2X 通信技术是一种车用无线通信技术，可实现车辆与一切事物的连接。其中，V 表示车辆，X 表示一切与车辆有交互的对象。

2. V2V 是指通过车辆的终端实现车辆与车辆之间的通信。

3. V2P 是指弱势交通参与者（行人、骑行者等）使用用户设备（包括手机、智能穿戴等）与车载设备进行通信。

4. V2I 指车载设备与基础设施（如红绿灯、交通摄像头、路侧单元等）之间进行通信。其中，路侧单元可以获取周围车辆的信息并实时发布出去。

5. V2N 是指车载设备通过接入网/核心网与云平台连接，云平台与车辆之间进行数据交互，并对获取的数据进行存储和处理，提供车辆所需要的各类应用服务。

6. V2X 通信技术可以分为两条技术路线，分别是基于 DSRC（Dedicated Short Range Communication，即专用短程通信技术）和基于 C-V2X（Cellular V2X，即以蜂窝通信技术为基础的 V2X）。

7. V2X 通信技术的安全风险主要来自于网络通信、业务应用、车载终端和路侧基础设备。

8. 5G 技术能够加速推进 C-V2X 在智能网联汽车上的应用，有效增强行车安全性、减少通行等待时间、提高能源利用率等。

9. V2X 将"人、车、路、云"等交通参与要素有机地联系在一起，不仅可以支撑车辆获得比单车感知更多的信息，促进自动驾驶技术创新和应用；还有利于构建一个智慧的交通体系，促进汽车和交通服务的新模式、新业态发展，对提高交通效率、节省资源、减少污染、降低事故发生率、改善交通管理具有重要意义。

10. C-V2X 目前正从信息服务类应用向交通安全和效率类应用发展，并将逐步向支持实现自动驾驶的协同服务类应用演进。车联网场景按需求分为安全驾驶、驾驶效率、远程驾驶和信息服务四大类，每一类别场景都存在共性需求特征。

【知识巩固】

一、填空题

1. V2X 通信技术是一种车用无线通信技术，可实现车辆与一切事物的连接。其中，V 表示＿＿＿＿＿，X 表示＿＿＿＿＿＿＿＿＿。

2. V2V 是指通过车辆的终端实现＿＿＿＿＿与＿＿＿＿＿之间的通信。

3. V2P 是指＿＿＿＿＿与＿＿＿＿＿进行通信。

4. V2I 是指＿＿＿＿＿与＿＿＿＿＿之间进行通信。

5. V2X 通信技术可以分为两条技术路线，分别是＿＿＿＿＿与＿＿＿＿＿。

6. 车联网场景按需求可分为＿＿＿＿＿、＿＿＿＿＿、＿＿＿＿＿和＿＿＿＿＿四大类。

7. 驾驶效率类场景又可细分为＿＿＿＿＿、＿＿＿＿＿和＿＿＿＿＿三类。

8. 车路协同通过＿＿＿、＿＿＿、＿＿＿三层构架实现环境感知、数据融合计算和决策控制，从而提供安全、高效、便捷的智慧交通服务。

二、简答题

1. 简述 V2X 通信技术在哪些方面存在安全隐患。

2. 简述什么是车路协同控制技术。

3. 简述车路协同控制技术的具体应用都有哪些。

项目八

智能网联汽车导航定位技术

　　黄先生开着新车回老家，在行驶到 G80 广昆高速公路田东服务区时，他听从导航的指示行车，结果发生了连撞 5 车的事故。

　　黄先生说，导航一直说到了到了，他就误认为前方是出口，随即他就变道行驶，结果就撞向了前方同方向行驶的一辆小轿车。事故发生后，黄先生想踩制动踏板，但他的车并没有停下来，反而像"脱缰的野马"一样又撞向了服务区内的 4 辆车。

　　经过调查，黄先生的新车前轴断裂，车内的安全气囊爆裂，车身的右侧发生严重变形。其他被撞的车均有不同程度的损伤，服务区内的 4 辆车尾部受损比较严重。

　　由以上案例可以看出，车辆的定位导航对驾驶安全有着较大的影响。本项目将从智能网联汽车定位技术、惯性导航系统以及高精度地图三方面来介绍。

【学习目标】

知识目标	技能目标	素养目标
1. 掌握智能网联汽车常用的定位技术，包括全球导航卫星系统、雷达定位系统、视觉定位系统和组合定位技术 2. 掌握智能网联汽车惯性导航系统的定义以及组成的相关知识 3. 掌握智能网联汽车高精度地图的定义、包含的信息以及信息分类、层级、常见的数据组织方式、与普通地图的区别	1. 掌握智能网联汽车全球导航卫星系统的定位方法 2. 掌握智能网联汽车惯性导航系统的应用 3. 掌握智能网联汽车无人驾驶与高精度地图的关系以及高精度地图的定位与导航	培养学生认真严谨的工作作风，提高学生职业素养

【理论知识】

一、智能网联汽车定位技术

1. 智能网联汽车常用的定位技术

　　定位技术是让智能网联汽车感知自身准确位置的技术，定位是导航的基础。智能网联汽车首先要解决自己"在哪"的问题，才有基础去解决下一步该"去哪"的问题。智能网联汽车常见的定位技术有全球导航卫星系统（Global Navigation Satellite System，GNSS）、激光雷达定位技术、视觉定位系统和组合定位技术。

　　（1）全球导航卫星系统　　如图 8-1 所示，全球导航卫星系统包括美国的全球定位系统（GPS）、中国的北斗卫星导航定位系统（BDS）、俄罗斯的格洛纳斯卫星定位系统（GLO-NASS）和欧洲空间局的伽利略卫星定位系统（GALILEO）。

　　全球导航卫星系统定位是利用一组卫星的伪距、星历、卫星发射时间等观测量，同时还必须知道用户钟差。全球导航卫星系统是能在地球表面或近地空间的任何地点为用户提供全天候的三维坐标和速度以及时间信息的空基无线电导航定位系统。

(2) 激光雷达定位技术 激光雷达定位技术是提前通过采集车采取道路的 3D 点云地图数据，智能网联汽车在行驶中用激光雷达实时采集点云数据，并将实时采集到的数据与提前采集的数据进行比较，从而获取智能网联汽车当前的位置，如图 8-2 所示。

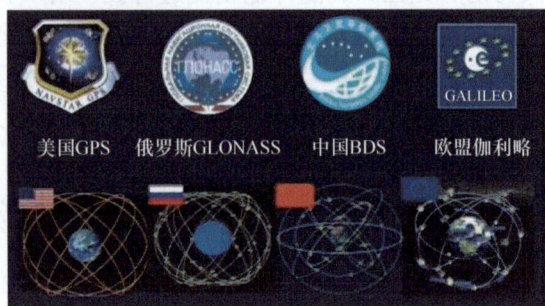

图 8-1　全球导航卫星系统

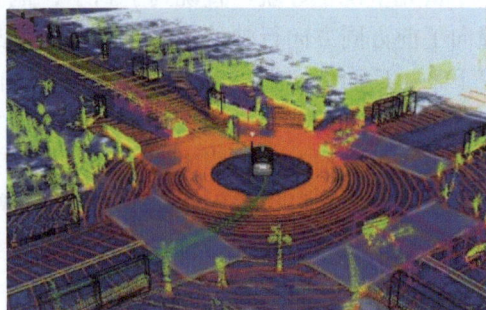

图 8-2　激光雷达定位技术

激光雷达定位技术的优点是探测精度高、探测距离远，而且对 GPS 的初值依赖性较低，在无 GPS 信号的场景下仍能实现智能网联汽车的高精度定位；其缺点是基于点云地图的数据实时性较差，且数据的维护成本较高。

(3) 视觉定位系统 视觉传感器提供了丰富的颜色和图像信息，处理这些信息正是深度学习技术的强项。通过深度学习模型识别车道线、道路上文字、停止线等固定的标识，并与高精度地图数据进行对比，从而获取车辆的当前位置。它的优势在于成本低，缺点在于精度低、误差大，并且在强光、逆光、黑夜场景下的效果不好。

(4) 组合定位技术 智能网联汽车对定位的精度要求是在厘米级，上述三种定位技术都无法达到如此高的精度，因此，导航定位技术的组合应用就此产生。百度 Apollo 系统使用的就是全球导航卫星系统、激光雷达和 IMU（惯性测量单元）等多种技术组合，以及使用卡尔曼滤波算法实现智能网联汽车的定位，其定位精度可以达到 5~10cm，具有较强的可靠性和鲁棒性。

2. 常见卫星定位系统

(1) GPS 的组成 GPS 是一种以人造地球卫星为基础的高精度无线电导航的定位系统，它在全球任何地方以及近地空间都能够提供准确的地理位置、行车速度及精确的时间信息。GPS 自问世以来，就以其高精度、全天候、全球覆盖、方便灵活吸引了众多用户。GPS 是美国从 20 世纪 70 年代开始研制，历时 20 年，耗资 200 亿美元，于 1994 年全面建成，具有在海、陆、空进行全方位实时三维导航与定位功能的新一代卫星导航与定位系统。

GPS 由空间部分（GPS 卫星）、地面监控部分和用户部分组成，如图 8-3 所示。

1）GPS 卫星。由分布在 6 个地球椭圆轨道平面上的 21 颗工作卫星和 3 颗在轨备

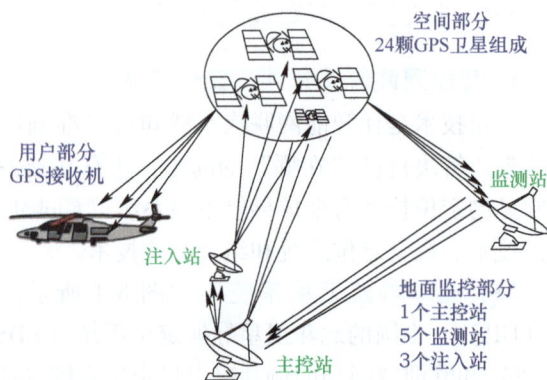

图 8-3　GPS 的组成

用卫星组成，相邻轨道之间的卫星彼此呈 30°，每个轨道面上都有 4 颗卫星，在距离地球约 2000km 的高空上进行监测。这些卫星每 12h 环绕地球一圈，在地球上的任何地方、任何时间都可以观测到 4 颗以上的 GPS 卫星，保持定位的精度，从而提供连续的全球导航能力。导航卫星的任务是接收和存储来自地面监控设备的导航定位控制指令，通过微处理器进行数据处理，以原子钟产生的基准信号和精确的以时间为基准向用户连续发送导航定位信息。

2）地面监控部分。由 1 个主控站、3 个注入站和 5 个监测站组成，它们的任务是实现对导航卫星的控制。

3）用户部分。主要由 GPS 接收机、硬件和数据处理软件、微处理机及终端设备组成，GPS 接收机由主机、天线和电源组成。其主要任务是捕获、跟踪并锁定卫星信号；对接收的卫星信号进行处理，测量出 GPS 信号从卫星到接收机天线间传播的时间；译出 GPS 卫星发射的导航电文，实时计算接收机天线的三维位置、速度和时间。

（2）GPS 的定位原理　GPS 的定位原理是三角定位，如图 8-4 所示。

GPS 卫星不断地传送轨道信息和卫星上的原子钟产生的精确时间信息，GPS 接收机上有一个专门接收无线电信号的接收器，同时也有自己的时钟。

当接收机收到一颗卫星传来的信号时，接收机可以测定该卫星离用户的空间距离，用户就位于以观测卫星为球心、以观测距离为半径的球面与地球表面相交的圆弧的某一点。

当 GPS 接收机观测到第二颗卫星的信号时，以第二颗卫星为球心，以第二个观测距离为半径的球面也与地球表面相交为一个圆弧，上述两个圆弧在地球表面会有两个交会点，还不能确定出用户唯一的位置。

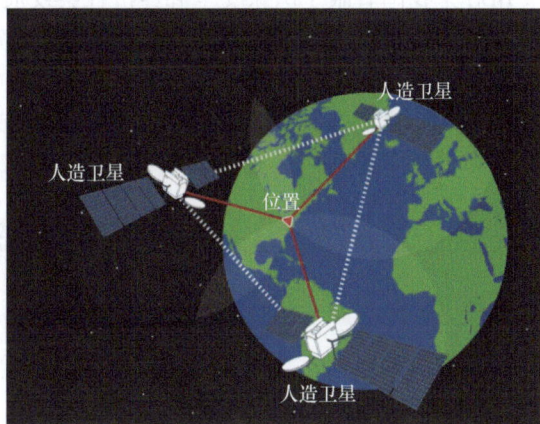

图 8-4　GPS 定位原理

当 GPS 接收机观测到第三颗卫星的信号时，以第三颗卫星为球心，以第三个观测距离为半径的球面也与地球表面相交为一个圆弧，上述三个圆弧在地球表面相交于一点，该点为 GPS 用户所在的位置。如果没有钟误差，用户接收机只要利用接收观测到的三颗卫星的距离观测值，就可以唯一确定出用户所在的位置。但由于 GPS 接收机的钟有误差，从而会使测得的距离有误差，所以定位时要求接收机至少观测到四颗卫星的距离观测值才能同时确定出用户所在空间位置及接收机钟差。

因此，当 GPS 接收机观测到四颗以上的卫星信号时，就可以得到更为精确和可靠的位置、速度和时间信息。

（3）GPS 的定位方法　GPS 的定位方法主要分为伪距测量、载波相位测量、多普勒测量和卫星射电干涉测量。

1）伪距测量。是在定位系统进行导航和定位时，用通信卫星发播的伪随机码与用户接收系统接收机复制码的相关技术，测定监测站到卫星之间的距离的技术和方法。测得的距离含有时钟误差和大气层折射延迟，不是真实的距离，因此称为伪距。伪距测量一般用于用户接收机固定在地面监测站上的静态定位，也可用于接收机固定于运动载体上的动态定位，但固定于运动载体上的定位精度较低，一般用于精度要求不高的导航。

2）载波相位测量。利用接收机测定载波相位观测值，经运算获得两个同步观测站之间的基线向量坐标差的技术和方法。可用于较精密的绝对定位和高精度的相对定位。

3）多普勒测量。通过接收机测定卫星发播信号的多普勒频移或多普勒计数，确定监测站到卫星的距离变化率，或者检测监测站到卫星相邻两点间的距离差，以此确定监测站的三维坐标或两点的坐标差的技术和方法。其原理是利用多普勒频移与信号源和接收机的相对位移关系，获得信号源与接收机的相对位移，达到对监测站定位和导航的目的。

4）卫星射电干涉测量。利用基线两端的射电望远镜，以独立的时间标准同时接收同一个射电源信号，并记录于磁带上，然后将两磁带的记录一起送入处理机进行相关处理，求出两相同信号到达基线两端的时刻之差和相对时延变化率，即观测量。为了精密定位 GPS 接收机往往不是采用一种测量方式，是以某种方式为主，辅以其他方法。

3. 北斗卫星导航系统（BDS）

BDS 是我国着眼于国家安全和经济社会发展需要，自主建设、独立运行的卫星导航系统，是为全球用户提供全天候、全天时、高精度的定位、导航和授时服务的国家重要空间基础设施。

（1）BDS 的组成　图 8-5 所示为 BDS 的组成，包括空间段、地面段和用户段。

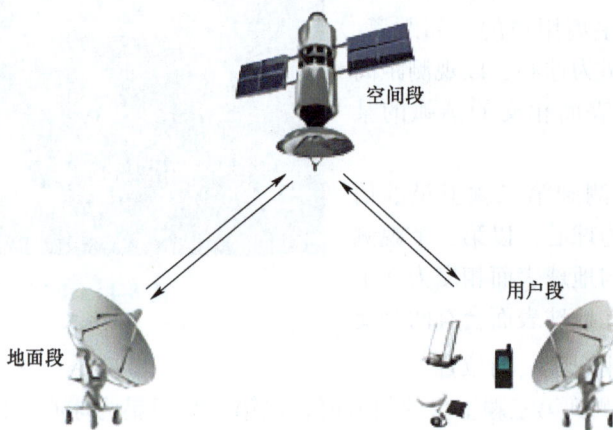

图 8-5　BDS 的组成

1）空间段。由若干地球静止轨道卫星、倾斜地球同步轨道卫星和中圆地球轨道卫星组成。

2）地面段。主要包括主控站、时间同步/注入站和监测站等若干地面站，以及星间链路运行管理设施。

3）用户段。包括北斗及兼容其他卫星导航系统的芯片、模块、天线等基础产品，以及终端设备、应用系统与应用服务等。

（2）BDS 的定位原理　BDS 的定位原理是双星定位，如图 8-6 所示。

BDS 的定位属于有源定位，即需要地面接收设备主动向卫星发出信号，它的工作流程大致如下：

① 地面中心控制站向两颗卫星发出测距信号，卫星收到后将信号放大，然后向服务区域广播。

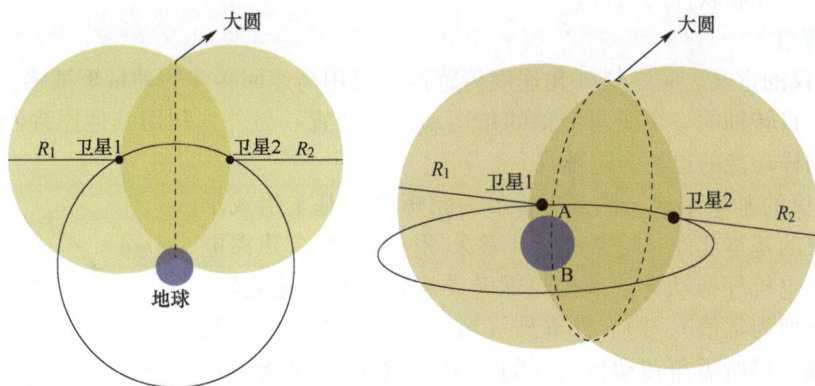

图 8-6　BDS 定位原理

② 位于服务区的接收机收到卫星发送的测距信号后，向卫星发出应答信号，这个信号经卫星中转后，发送到地面中心站。

③ 地面中心站收到接收机的应答信号后，根据信号延迟时间，可以算出地面中心站—卫星—接收机的总距离，由于地面中心站与卫星的距离是已知的，则可以计算出卫星到接收机的距离。

④ 两颗卫星可以得出两条距离数据，地面中心站用这两条数据在数字地图上搜索符合条件的地点的坐标，然后将其通过卫星转发给接收机。

（3）BDS 的特点

1）空间段采用三种轨道卫星组成的混合星座，与其他卫星导航系统相比，高轨卫星更多，抗遮挡能力强，尤其在低纬度地区，其性能优势更为明显。

2）提供多个频点的导航信号，能够通过多频信号组合使用等方式提高服务精度。

3）创新融合了导航与通信功能，具备定位导航授时、星基增强、地基增强、精密单点定位、短报文通信和国际搜救等多种服务能力。

二、智能网联汽车惯性导航系统

1. 惯性导航系统的定义

惯性导航系统（Inertial Navigation System，INS）是一种利用惯性传感器测量载体的角速度信息，并结合给定的初始条件实时推算速度、位置和姿态等参数的自主式导航系统。具体来说，惯性导航系统属于一种推算导航方式，即从一已知点的位置根据连续测得的运动载体航向角和速度推算出其下一点的位置，因而可连续测出运动体的当前位置。

在智能网联汽车的定位导航应用中，惯性导航系统常与卫星定位导航系统融合应用，能有效解决卫星定位导航系统在隧道等信号弱或信号消失的驾驶场景中的车辆定位导航问题。图 8-7 所示为车载惯性测量单元，惯性测量单元由陀螺仪和加速度传感器构成，加速度传感器测量加速度，陀螺仪测量方向。车载惯性导航系统可以看

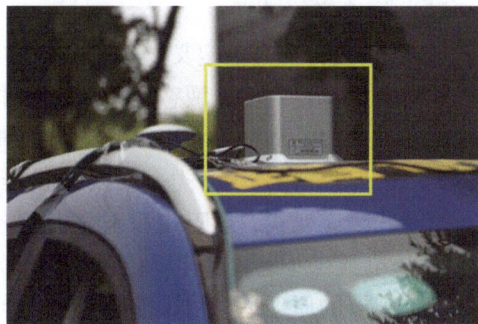

图 8-7　车载惯性测量单元

成是惯性测量单元和软件的结合。

（1）陀螺仪

1）陀螺仪的定义。陀螺仪（角速度传感器）是用高速回转体的动量矩敏感壳体相对惯性空间绕正交于自转轴的一个或两个轴的角运动检测装置。另外，利用其他原理制成的角运动检测装置起同样功能的也称为陀螺仪。

2）陀螺仪的基本组成。图8-8所示为陀螺仪的基本组成示意图。陀螺仪的基本部件有陀螺转子（常采用同步电机、磁滞电机、三相交流电机等拖动方法来使陀螺转子绕自转轴高速旋转，并见其转速近似为常值），内、外框架（或称为内、外环，它是使陀螺自转轴获得所需角转动自由度的结构），附件（是指力矩电动机、信号传感器等）。

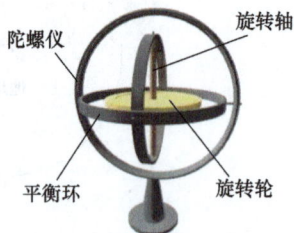

图8-8　陀螺仪的基本组成示意图

3）陀螺仪的工作原理。陀螺仪的工作原理是基于科里奥利力的原理：当一个物体在坐标系中直线移动时，假设坐标系做一个旋转，那么在旋转的过程中，物体会感受到一个垂直的力和垂直方向的加速度。具体来说，陀螺仪就是一个圆形的中轴的结合体。而事实上，静止与运动的陀螺仪本身并无区别，如果静止的陀螺仪本身绝对平衡，抛除外在因素，陀螺仪是可以不依靠旋转便能立定的。而如果陀螺仪本身尺寸不平衡，在静止时就会造成陀螺仪模型倾斜跌倒，因此不均衡的陀螺仪必然依靠旋转来维持平衡。

4）陀螺仪的应用。

① 陀螺仪在航天航空中的应用：陀螺仪不仅可以作为指示仪表，更重要的是，它还可以作为自动控制系统中的一个敏感元件，即可作为信号传感器。根据需要，陀螺仪能提供准确的方位、水平、位置、速度和加速度等信号，以便驾驶人或用自动导航仪来控制飞机、舰船或航天飞机等航行体按一定的航线飞行，而在导弹、卫星运载器或空间探测火箭等航行体的制导中，则直接利用这些信号完成航行体的姿态控制和轨道控制。作为稳定器，陀螺仪能使列车在单轨上行驶，能减小船舶在风浪中的摇摆，能使安装在飞机或卫星上的照相机相对地面稳定等。

② 作为精密测试仪器，陀螺仪能够为地面设施、矿山隧道、地下铁路、石油钻探以及导弹发射井等提供准确的方位基准。

③ 陀螺仪在消费电子领域的创新应用：主要包括导航、相机防抖、作为游戏传感器提升游戏体验、作为输入设备以及用于智能网联汽车上的微机电陀螺仪（用来检测汽车不同部位的工作状态，给行车ECU提供信息，让用户更好地控制汽车）。

（2）加速度传感器

1）加速度传感器的定义。加速度传感器是一种能够测量加速度的传感器，它通常由质量块、阻尼器、弹性元件、敏感元件和适调电路等部分组成。传感器在加速过程中，通过对质量块所受惯性力的测量，利用牛顿第二定律获得加速度值。

2）加速度传感器的分类。根据传感器敏感元件的不同，常见的加速度传感器包括电容式、电感式、应变式、压阻式和压电式等。

① 压电式：压电式加速度传感器又称为压电加速度计，它也属于惯性式传感器。压电式加速度传感器的原理是利用压电陶瓷或石英晶体的压电效应，在加速度传感器受振时，质量块加在压电元件上的力也随之变化。当被测振动频率远低于加速度传感器的固有频率时，则

力的变化与被测加速度成正比。

②压阻式：基于世界领先的 MEMS 硅微加工技术，压阻式加速度传感器具有体积小、低功耗等特点，易于集成在各种模拟和数字电路中，广泛应用于汽车碰撞试验、测试仪器和设备振动监测等领域。

③电容式：电容式加速度传感器是基于电容原理的极距变化型的电容传感器。电容式加速度传感器是比较通用的加速度传感器，在某些领域无可替代，如安全气囊、手机移动设备等。

④伺服式：伺服式加速度传感器是一种闭环测试系统，具有动态性能好、动态范围大和线性度好等特点。其工作原理，传感器的振动系统由"m-k"系统组成，与一般加速度传感器相同，但质量 m 上还接着一个电磁线圈，当基座上有加速度输入时，质量块偏离平衡位置，该位移大小由位移传感器检测出来，经伺服放大器放大后转换为电流输出，该电流流过电磁线圈，在永久磁铁的磁场中产生电磁恢复力，力图使质量块保持在仪表壳体中原来的平衡位置上，所以伺服加速度传感器在闭环状态下工作。

3）具体应用。

①汽车安全：要用于汽车安全气囊、防抱死制动系统、牵引控制系统等安全性能方面。

②游戏控制：加速度传感器可以检测上下左右倾角的变化，因此通过前后倾斜手持设备来实现对游戏中物体的前后左右的方向控制，就变得很简单。

③图像自动翻转。

④GPS 导航系统死角的补偿等。

2. 惯性导航系统的组成

惯性导航系统通常由惯性测量装置、计算机和控制显示器等组成。惯性测量装置包括加速度传感器和陀螺仪，又称为惯性导航组合。三个自由度陀螺仪用来测量车辆三个转动方向的运动，三个加速度传感器用来测量车辆的三个平移运动的加速度。计算机根据测得的加速度信号计算出车辆的速度和位置数据。控制显示器显示各种导航参数，实现功能。

3. 惯性导航系统的工作原理

图 8-9 所示为惯性导航系统的工作原理图，其基本的工作原理是以牛顿力学定律为基础，通过测量载体在惯性参考系中的加速度和角加速度，将两者对时间进行一次积分，求得运动载体的速度和角速度；然后再对运动载体的速度和角速度进行积分，得到运动载体在惯性坐标下的位置。

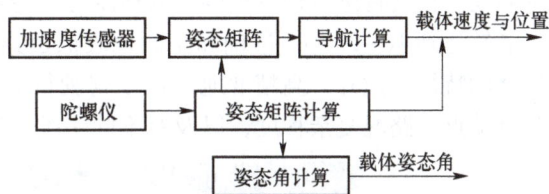

图 8-9　惯性导航系统的工作原理图

最后将求得的位置信息转换到导航坐标下，得到在导航坐标系下的速度、偏航角以及位置信息等。

4. 智能网联汽车惯性导航系统的作用（图 8-10）

1）在 GPS 等卫星定位系统信号弱或信号丢失时，惯性导航系统代替其进行定位。

2）配合激光雷达传感器进行智能网联汽车的精确定位。

5. 惯性导航系统的特点

1）惯性导航系统的优点如下：

①惯性导航系统是不依赖于任何外部信息，也不向外部辐射能量的自主式导航系统，隐

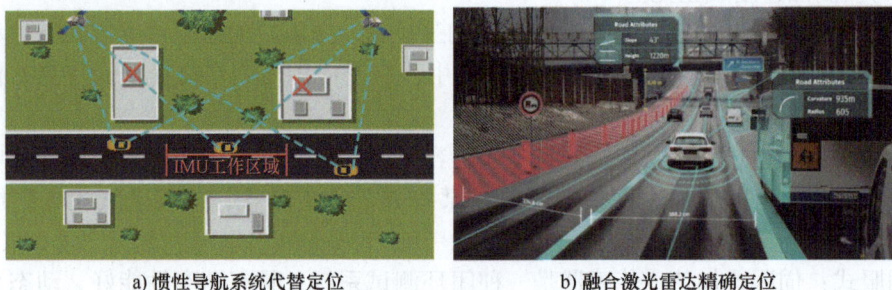

a) 惯性导航系统代替定位　　　　　　b) 融合激光雷达精确定位

图 8-10　智能网联汽车惯性导航系统的作用

蔽性好，也不受外界电磁干扰的影响。

②可全天候在全球任何地点工作。

③能提供位置、速度、航向和姿态角数据，所产生的导航信息连续性好而且噪声低。

④数据更新率高，短期精度和稳定性好。

2）惯性导航系统的缺点如下：

①导航信息经过积分产生，定位误差随时间而增大，长期精度差。

②每次使用之前需要较长的初始对准时间。

③不能给出时间信息。

三、高精度地图

1. 高精度地图的定义

高精度地图也称为高分辨率地图（High Definition Map，HD Map）或高度自动驾驶地图（Highly Automated Driving Map，HAD Map），如图 8-11 所示。高精度地图与普通导航地图不同，主要面向自动驾驶汽车，通过一套特有的定位导航体系，协助自动驾驶系统解决性能限制问题，拓展传感器检测范围。高精度地图绝对位置精度接近 1m，相对位置精度在厘米级别，能够达到 10~20cm。准确和全面地表征道路特征，并要求更高的实时性，是高精度地图最显著的特征。此外，高精度地图记录驾驶行为的具体细节，包括典型驾驶行为、最佳加速点及制动点、路况复杂程度，以及对不同路段信号接收情况的标注等。

图 8-11　高精度地图

2. 高精度地图包含的信息及信息分类

高精度地图之所以精度高，能面向智能网联汽车的无人驾驶技术，根本原因是其包含了极其庞大的数据信息，据相关统计，仅一条道路的就需要采集超过 14 亿个数据点。在这些大量的数据中，高精度地图信息可分为道路信息、规则信息和实时信息三类，具体的信息见表 8-1。

表 8-1　高精度地图信息及分类

道路信息	车道模型	车道数、车道中心线、道路分离点和车道分离点、车道连接关系
	道路部件	交通灯、交通标志、斑马线、停止线、防护栏、龙门架、桥梁等
	道路属性	车道变化属性、车道线曲率及坡度、车道分组、交通区域、兴趣区域（如人行横道）、GPS 信号减弱/消失位置、加速点及制动点
规则信息		车道限速、高速收费信息、限行限号信息等
实时信息		实时交通天气、时间信息（交通事故、道路施工等）、停车场服务、危险区域预警、基于坡度的节能减排、道路天气/能见度等

道路信息包含车道模型、道路部件和道路属性三部分，为自动驾驶汽车提供决策基础。规则信息与实时信息是在道路信息之上的叠加，包含对驾驶行为的限制以及从车联网获取的实时道路信息。

虽然高精度地图内涵丰富，但实际使用的时候并不是包含所有信息。例如与导航地图相比，高精度地图不包括具体地点属性和信息、障碍物属性、建筑模型，只需关注车辆行驶道路及其周边场景，如图 8-12a 所示，其余场景（如公园、商场、景区等）地图信息不在高精度地图的考虑范围之内，图 8-12b 所示的普通导航地图则包含这类信息。

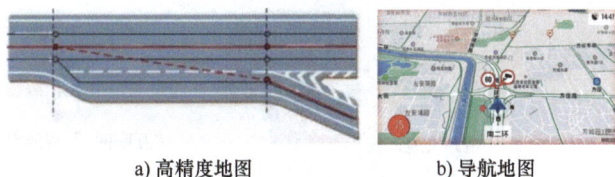

a) 高精度地图　　　　　　　　b) 导航地图

图 8-12　高精度地图与普通导航地图信息差异

3. 高精度地图的层级

高精度地图可以分为静态和动态两个层级，如图 8-13 所示。其中，静态高精度地图处于底层，是目前研发的重点。它一般包含车道模型、道路部件（Object）、道路属性三类矢量信息，且用于多传感器定位的特征（feature）图层构成。

动态高精度地图则建立于静态高精度地图的基础之上，它主要包括实时动态信息，既有其他交通参与者的信息（如道路拥堵情况、施工情况、是否有交通事故、交通管制情况、天气情况等），也有交通参与物的信息（如红绿灯、人行横道等）。

4. 高精度地图常见的数据组织方式

高精度地图包含大量的数据信息，那么高精度地图是如何组织这些数据的？一般而言，电子地图是通过不同的图层描述的，然后将图层叠加来进行表达。在一张电子地图里，水系、铁路、街区、建筑物可能会分别位于不同图层，每一个图层可以理解为一张透明薄膜，多图层被绘制叠加后才能真正为人们所用，如图 8-14 所示。

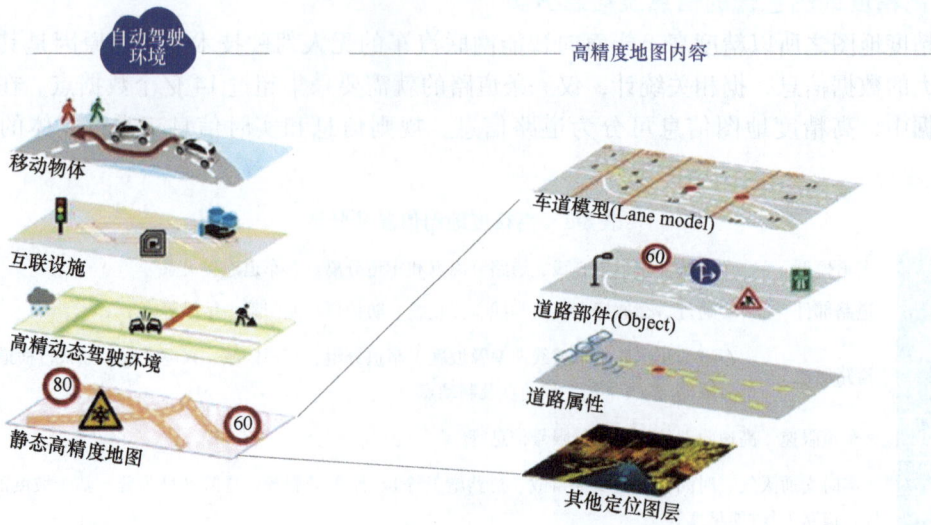

图 8-13　高精度地图的层级

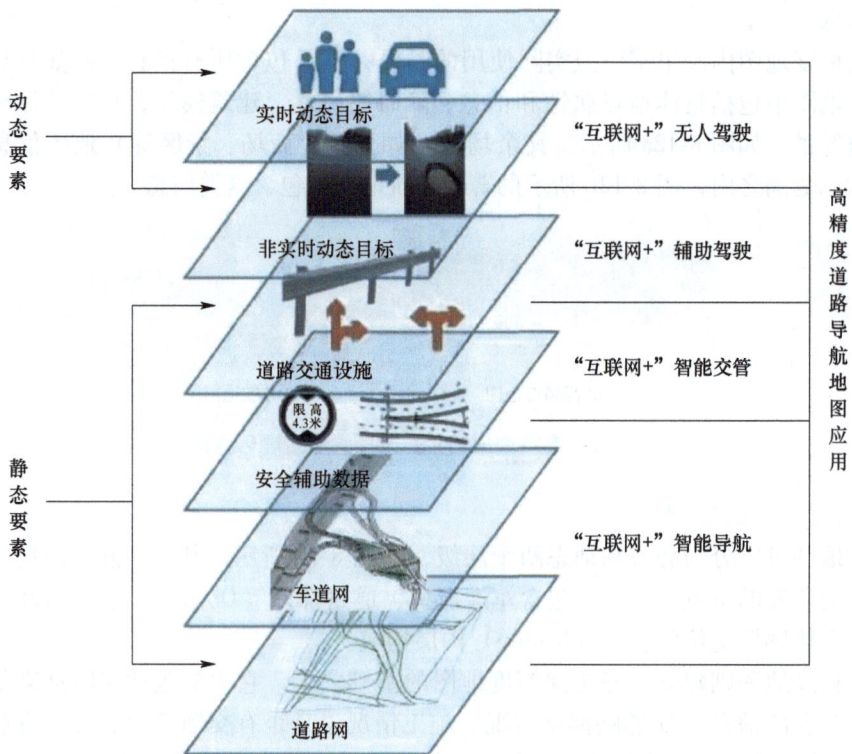

图 8-14　高精度地图数据组织分层

　　道路地图是对实际道路进行反映，通过特定的图层来描绘特定类别，然后将图层叠加进行路面表达，终端上显示的导航地图往往都是由 10 多层甚至 20 多层不同分辨率的图片组成的。当用户进行缩放时，程序根据缩放级数，选择不同分辨率的瓦片图，拼接成一幅完整的地图。高精度地图也是如此，只是它在普通电子地图的基础上包含了更多图层的数量，且每一图层的描绘更加精细。尽管高精度地图的图层更多，但目前大多将高精度地图的图层分为地图图层、定位图层和实时图层三类。

（1）**地图图层**　如图 8-15 所示，地图图层主要是记录道路的详尽描述，比如，道路边缘、道路模型、车道模型，并以厘米级的高精度数据精准呈现信息。

（2）**定位图层**　如图 8-16 所示，定位图层主要是记录具备独特的目标和特征，比如，交通标志、地面标志、灯杆等，记录的内容包括绝对的坐标、属性、几何轮廓等，用来和其他车辆传感器感知结果匹配，推算车辆位置。首先，对于定位图层，高精度地图包含的元素取决于无人驾驶车辆本身具体采用的传感器。其次，定位图层还与应用场景紧密相关，比如

图 8-15　地图图层

在高速公路或市区自动驾驶时，所需要的高精度地图信息要素是不一样的。

目前，智能网联汽车在自动驾驶"定位"方面的解决方案差异性较大，不同的传感器包括摄像头和激光雷达组合方案，定位技术主要集中在 Feature Based 和 Dense Information Based 这两种方法上，高精度地图制图也主要围绕这两种方式。

图 8-16　定位图层

（3）**实时图层**　如图 8-17 所示，实时图层通过云服务平台将动态实时传达给自动驾驶汽车，让车辆提前预知前方出现的可能影响驾驶策略的情况。

5. 高精度地图与普通地图的区别

高精度地图是相对于普通地图来说的，它提供了更高精度、内容更为丰富的地图信息，主要服务于自动驾驶。目前，L2+及以上自动驾驶方案普遍对高精度地图是有明确的依赖。如图 8-18 所示，高精度地图可以说是数据流的最上游。

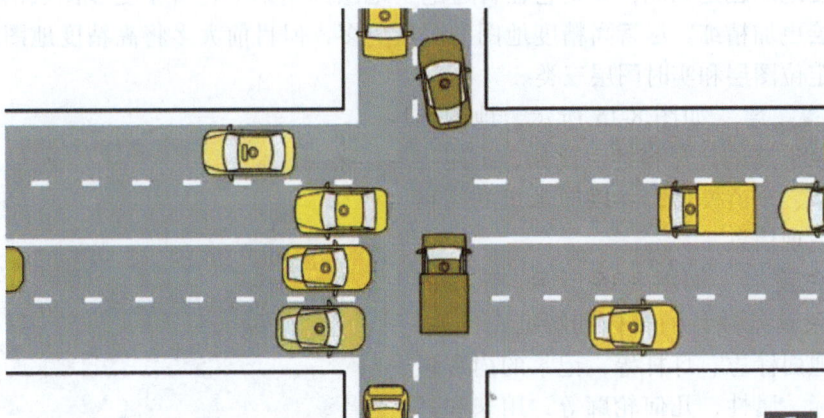

图 8-17　实时图层

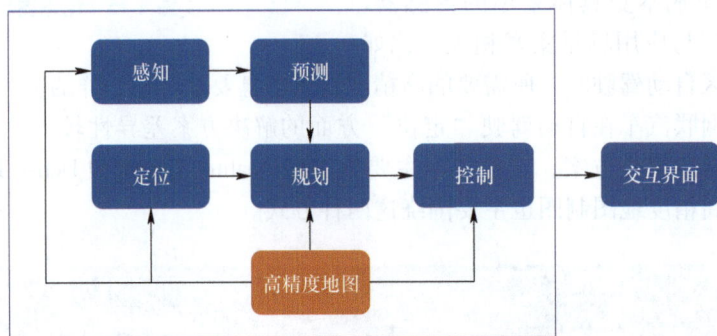

图 8-18　高精度地图在智能网联汽车自动驾驶中的位置

普通地图面向对象为人，以人的认知为基础，解决的需求包括规划路线、确认地点、辨别方位等，而高精度地图面向对象为自动驾驶算法，面向的是"一台机器"，数据将作为自动驾驶算法的输入端，解决的需求包括环境感知、高精度定位、规划与决策等，是自动驾驶汽车行驶上路的"行动指南"。表 8-2 对比了高精度地图与普通地图的主要区别。

表 8-2　高精度地图与普通地图的区别

对比内容	普通地图	高精度地图
要素和属性	道路、POI	详细的道路模型、车辆模型、道路部件、车道属性和其他定位图层信息
所属系统	信息娱乐系统	车载安全系统
用途	导航、搜索、目视	环境感知、定位、路径规划、车辆控制
使用者	人	机器
服务型要求	相对低	高
更新频率	低（每季度）	高
精度	米级	厘米级
地图的生产	卫星图片+GPS 定位	使用装载陀螺仪、轮测距器、GPS、光学雷达和多传感器数据采集车/与车厂合作的总包方式

从表 8-2 中可以明显看出，除了精度以外，高精度地图和普通地图还有很多不同。以实际生活中的使用情况举例，高精度地图的可视化界面（图 8-19）和普通地图（图 8-20）就有较大不同，高精度地图的自动驾驶更注重人机交互的虚拟地图的感觉，让车主明确知道自己处于的车道和周围的环境情况。

图 8-19　高精度地图可视化

图 8-20　普通地图可视化

6. 智能网联汽车无人驾驶与高精度地图

为什么智能网联汽车无人驾驶离不开高精度地图？在回答这个问题前，先来看一下智能网联汽车无人驾驶技术的分类。如图 8-21 所示，智能网联汽车的无人驾驶技术主要分为感知层、决策层和执行层。

感知层：主要由激光雷达、摄像头、高精度地图、惯性测量单元/GPS 等部分构成，主要负责搜集车身周边信息；决策层：以感知信息数据为基础，根据高算力的计算中心获取经过优化的驾驶决策；执行层：基于决策层给出的驾驶决策，对制动系统、发动机转向等控制下达指令，负责驾驶执行。

高精度技术位于感知层和决策层，为自动驾驶系统提供底层支持。目前，业内已达成共识：仅依靠车辆自身传感器搜集的信息和车辆本身的处理器是难以实现并推广自动驾驶的。

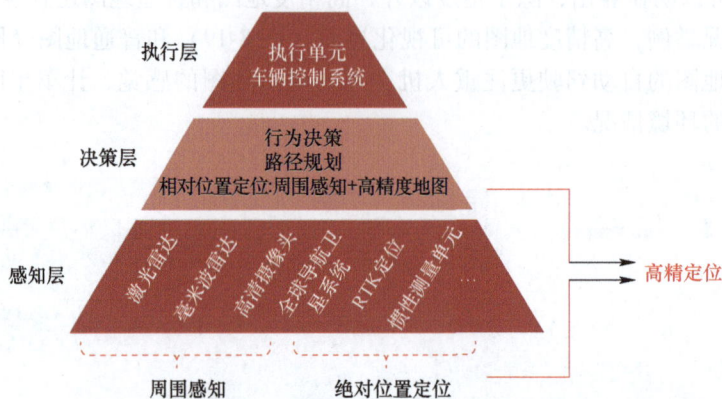

图 8-21　智能网联汽车无人驾驶技术的分类

在主流解决方案中，L2、L3、L4 级别的自动驾驶普遍依赖高精度地图。不同的自动驾驶方案对高精度地图的依赖程度有所不同，以 Apollo 的方案来说明一下自动驾驶在各个模块上对高精度地图的依赖，如图 8-22 所示。

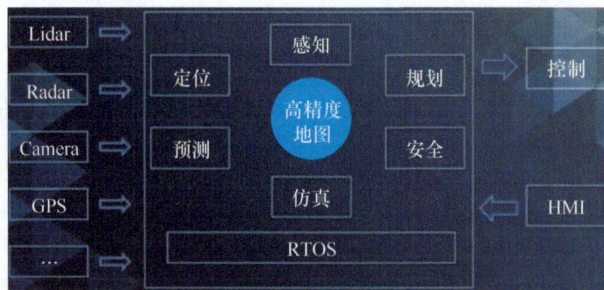

图 8-22　Apollo 自动驾驶与高精度地图

另外，高精度地图对于智能网联汽车无人驾驶来说主要有地图匹配、辅助环境感知和路径规划三大功能。

（1）地图匹配　由于存在各种定位误差，电子地图坐标上的移动车辆与周围地理事物并不能保持正确的位置关系。利用高精度地图匹配则可以将车辆位置精准地定位在车道上，从而提高车辆定位的精度。各阶段智能网联汽车自动驾驶对高精度地图的要求见表 8-3。

表 8-3　各阶段智能网联汽车自动驾驶对高精度地图的要求

阶段	L1	L2	L3	L4
概念	安全辅助驾驶	半自动驾驶	高度自动驾驶	全自动驾驶
精度	2~5m	50cm~1m	10~30cm	10~30cm
采集	GPS 轨迹+惯性测量单元	图像提取或高精度 POS	高精度 POS+激光点云	高精度 POS+激光点云
数据	传统地图+ADAS	车道模型+高精度 ADAS	HAD Map	多源数据融合
静态/动态	静态地图	静态地图+动态地图	静态地图+动态地图	静态地图+动态时间实时传输融合地图

（2）**辅助环境感知**　辅助环境感知在智能网联汽车无人驾驶中非常重要，不同的传感器都有其自身的优势和劣势，例如摄像机在弱光及高对比度光线条件场景下很难捕捉足够的视觉信息；激光雷达在雾气/雨滴/雪花/汽车尾气/反射等场景下容易形成虚假点；毫米波雷达在通过隧道、大桥等场景下雷达探测可信性降低。智能网联汽车无人驾驶因其问题复杂度高、安全第一等特性，需要依靠多种传感器数据的相互融合来提高感知效果。

无论是哪种传感器，在探测距离和时间上都有限制，都需要多种传感器来融合，但是不能排除面对复杂的驾驶环境，传感器都存在失效的场景，而高精度地图作为智能驾驶"超距传感器"，突破了空间和时间的限制。在智能网联汽车无人驾驶过程中，若传感器因环境等不可靠因素失效时，可以利用高精度地图来进行辅助的环境感知，如图 8-23 所示，提高智能网联汽车的安全冗余性。

图 8-23　高精度地图辅助环境感知

（3）**路径规划**　为了让无人驾驶汽车在行驶过程中能够及时、准确地对他车行为做出反应，保证行驶的舒适性与安全性，算法需要对他车的行为与路径做出相对准确的预测。对于提前规划好的最优路径，由于实时更新的交通信息，最优路径可能也随时会发生变化，此时高精度地图在云计算的辅助下，能有效地为无人驾驶汽车提供最新的路况，帮助无人驾驶汽车重新制订最优路径，如图 8-24 所示。

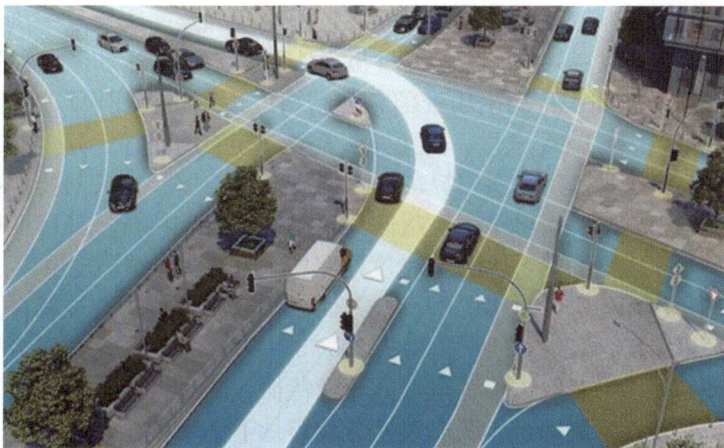

图 8-24　高精度地图的路径规划

7. 高精度地图的定位与导航

对于智能网联汽车的无人驾驶来说，高精度地图尽管有三大功能，但其最基础的用途是用来对智能网联汽车进行定位和导航。下面将分别介绍智能网联汽车是如何利用高精度地图实现定位和导航的。

（1）高精度地图的定位 绝对位置定位是以地球为参考系，相对位置定位是以当前驾驶场景为参考系。相对位置定位思路和人类驾驶过程更为类似：驾驶人在驾驶过程中，通过视觉观察周围场景中的物体，包括建筑、路缘和标志线等，经过对比判断车辆在当前场景中的位置。

如图 8-25 所示，智能网联汽车无人驾驶时通过高清摄像头、激光雷达等感知设备获取周围场景内物体的图像或反射信号，将采集到的信号与事先采集的高精度地图数据进行匹配，从而获得车辆当前位置的精确估计。

图 8-25　高精度地图的定位

（2）高精度地图的导航 智能网联汽车自动驾驶导航过程可以简要分为路线级规划、车道级规划、自动驾驶控制三个阶段。路线级规划通过导航地图确定具体行驶路线，考虑交通方式、路线距离、交通状况、途经地点等，是点到点的粗略规划。车道级规划依靠高精度地图，根据给定的路线确定具体的形式方案，包括车辆起步和停止、速度限制、车道保持与变道、车道坡度等。在自动驾驶控制阶段，系统依据具体的行驶方案控制汽车，实现自动驾驶。

具体到自动驾驶的控制，可以将自动驾驶流程分为感知层—决策层—执行层，高精度地图横跨感知层和决策层。在感知层，车辆通过摄像头、毫米波雷达和激光雷达等设备获取周围场景信息，实现周围感知；将周围场景信息与高精度地图进行比对，确定车辆相对位置，并通过全球导航卫星系统、RTK 定位、惯性导航系统确定自身姿态、速度和绝对位置，共同实现自我感知。感知信息进入决策层，算法将依据高精度地图、车联网技术提供的多维度信息对具体驾驶问题做出判断、输出车辆控制信号并交给执行层执行。高精度地图导航的整个过程如图 8-26 所示，智能网联汽车利用高精度地图导航可以实时精确定位。

以激光雷达点云匹配的定位方案为例：一方面，车载激光雷达扫描获得点云数据，并提取数据中包含的环境特征；另一方面，车辆从"GNSS+RTK+IMU"定位组合中获得车辆位置的预测值，从高精度地图中获取该位置附近的环境特征，之后将扫描识别的环境特征与高精度地图记述的环境特征做匹配融合，获取车辆当前场景下精确的位置信息。高精度定位方案中，共有三部分相互重盈的定位子系统：

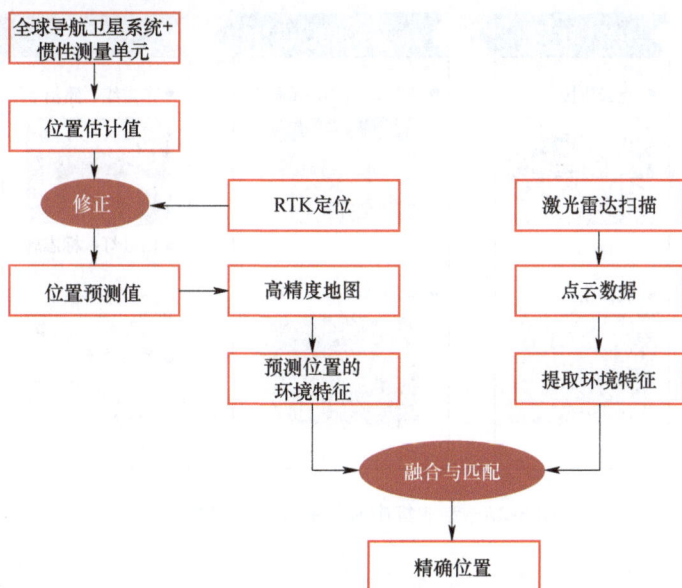

图 8-26　高精度地图导航的整个过程

1）卫星定位，包括 RTK 定位技术、地基增强网络等。

2）航位推算引擎，包括惯性测量单元、车身里程计，以及车辆控制系统的总线信息。

3）高精度地图的相对位置。三部分之间信息相互耦合，结果相互冗余，从而保证定位的精度和可靠性。

8. 高精度地图的制作

一般来说，普通地图是通过 GPS+卫星图片进行制作的，有时也有相关测绘的介入，相对于比较简单一些，但是高精度地图就没有那么容易了。

高精度地图制作整体上可以分为两种，一种是专业集中制图，另一种是众包制图。专业集中制图是常用的制图方式。专业的人员用专业的方法，使用高精度设备，自主进行数据采集而后加工建图。采集成本较高，包括设备成本（一辆采集车就几百万）和人力时间成本。采集精度较高（如绝对精度小于1m，相对精度小于20cm）。众包制图是将地图数据的采集分配给普通人及设备分别进行，然后以收集合并数据的方式来构建地图。众包的方式具备快速制图、成本低廉等显著优势，但精度相对较低。采用这种方式的方案商有 Tesla、Mobileye 和 Momenta。

目前，高精度地图的主流制作方案大多为专业集中制图。未来最可能普遍采用的方案是专业集中制图+众包更新，可以同时满足精度和时效的要求。图 8-27 所示为专业集中制作高精度地图的流程。

如图 8-27 所示，高精度地图的制作流程主要包括数据采集、数据处理、元素识别和人工验证四个步骤，人工验证后才编译为最终的产品。

（1）数据采集　高精度地图的数据采集需要专业的采集装备，以百度 Apollo 的采集车为例，如图 8-28 所示。该车有采集点云数据的激光雷达装置，进行高精定位的 RTK 装置，获取车辆角度和加速度的惯性导航系统等，一辆车的成本在百万以上，由此可见，自动驾驶和高精地图成本很高。

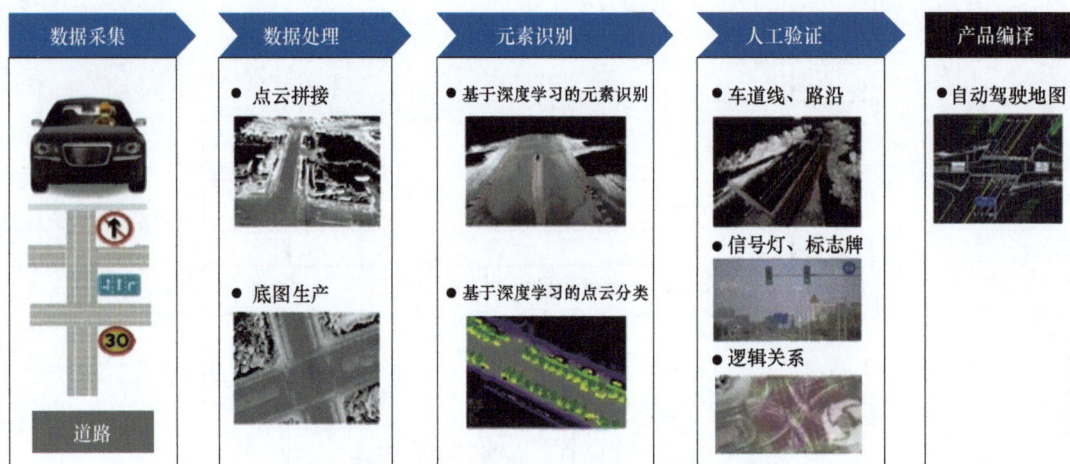

图 8-27　专业集中制作高精度地图的流程

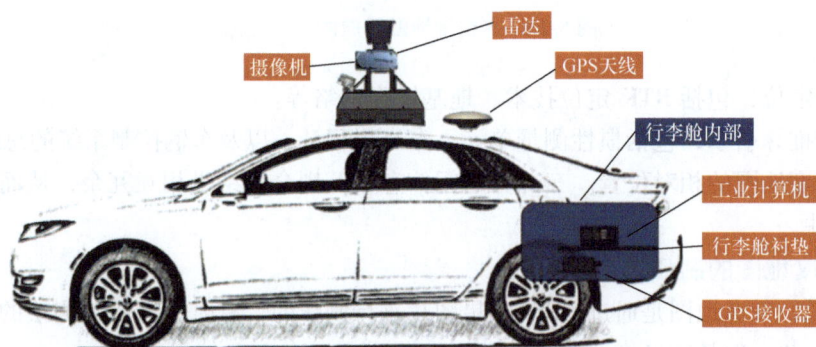

图 8-28　百度 Apollo 高精度地图数据采集车

对于百度 Apollo 的高精度地图数据采集车有以下要求：

① 64 线激光雷达采集道路路面，16 线激光雷达斜向上装检测高处红绿灯和标牌信息。

② GPS 和惯性测量单元：采用全球导航卫星系统+惯性测量单元+RTK 的高精定位方案。

③ 搭载长短焦相机。

④ 有监控传感器状态设备，确保各个传感器在工作时情况良好。

⑤ 传感器标定后，有一键式采集方案，并一键采集之前要确认传感器是正常工作的。

⑥ 在采集过程中，双向车道要采集 3~5 遍。

⑦ 一次采集行为会把所有结果（点云、车辆的标定参数、定位结果、Pose 结果等）都放进一个包存储。

⑧ 采集结束之后把数据传输给平台制图。

（2）数据处理　采集到的数据可以分为点云和图像两类，因为高精度地图的精度要求高，所以制图以点云为主。数据处理过程如图 8-29 所示，整个过程分为点云拼接和点云融合。

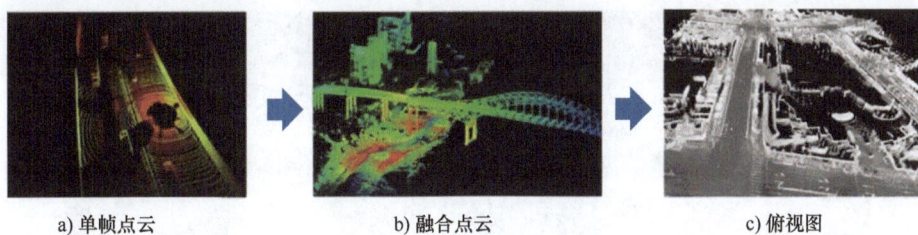

a) 单帧点云　　b) 融合点云　　c) 俯视图

图 8-29　数据处理过程

1）点云拼接：在数据采集过程中信号可能不稳定（RTK 在遮挡情况下会出现不稳定现象），通过 SLAM 等对位置做优化，优化之后对点云信息做拼接得到完整的点云信息。点云信息被压扁得到定位地图图像和反射地图图像。同时，也可以对反射地图做一些标注。

2）点云融合：点云融合后可以得到一个高精度图像，基于图像可以做精确的车道线识别，获得车道线的形状特征。

（3）元素识别　元素识别的原因：车辆的自动化程度不够，无法解决道路上没有车道线的部分以及无法理解逻辑信息（比如停止线和红绿灯的关联关系）。基于反射地图深度学习可以提取车道线、灯杆和红绿灯等信息，获取到这些道路设施的形状特征。图 8-30 演示的是通过点云特征提取到的一些特征和道路设施。

杆状物和红绿灯

动态地物　　车道信息

图 8-30　元素识别

（4）人工验证　图 8-31 所示为高精度地图制作的人工验证环节，这一环节由人工完成，其原因是因为自动化处理的数据还不能百分百准确，需要人工再进行最后一步的确认和完善。

9. 高精度地图的数据更新

高精度地图落地的完整闭环包括制图、用图和更新三个紧耦合的过程，以保证数据的高频流动和更新，如图 8-32 所示。

高精度地图动态与静态信息并存的特性决定了后期的更新维护会占据更大的工作量。业内已经形成共识，相比于前期劳动密集型的绘图制图工作，高精度地图后期的维护更新才是核心竞争点。根据博世公司提出来的定义，无人驾驶时代所需要的局部动态地图数据依据更

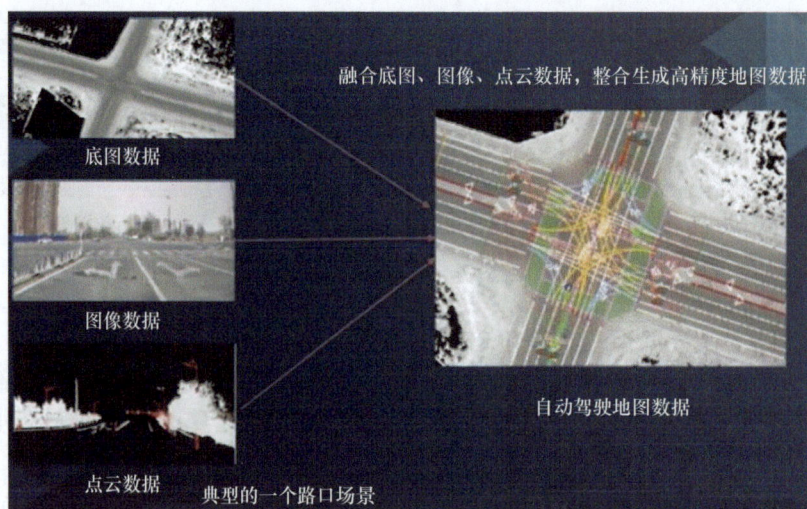

融合底图、图像、点云数据，整合生成高精度地图数据

底图数据

图像数据

点云数据

自动驾驶地图数据

典型的一个路口场景

图 8-31　人工验证环节

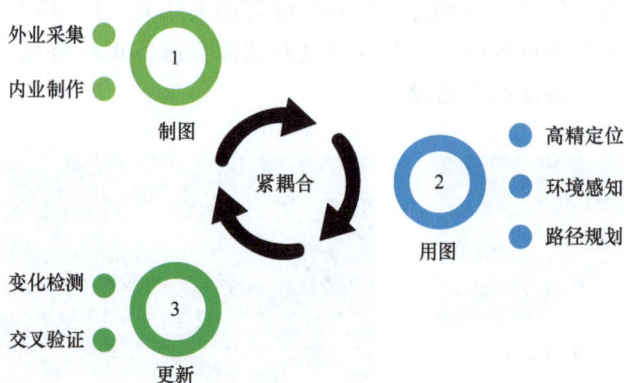

外业采集

内业制作

制图

1

紧耦合

2

用图

高精定位

环境感知

路径规划

变化检测

交叉验证

更新

3

图 8-32　高精度地图的落地过程

新频率可以划分为永久静态数据（更新频率为 1 个月）、半永久静态数据（频率为 1h）、半动态数据（频率为 1min）、动态数据（频率为 1s）四类。与当前普及的电子导航地图 1~2 月更新一次的频率相比，高精度地图的更新频率之高、难度之大可想而知。传统的地图更新方式在面对高精度地图日级乃至更高频率的更新时会显得捉襟见肘。图 8-33 所示为高精度地图各种信息的更新频率示意图。

　　为解决高精度地图的更新问题，高精度地图图商采取了众包采集模式来更新地图，具体就是把地图更新的任务交给道路上行驶的大量非专业采集车辆，利用车载传感器实时检测环境变化，并与高精度地图进行比对，当发现道路变化时，将数据上传至云平台，再下发更新给其他车辆，从而实现地图数据的快速更新。图 8-34 所示为 Mobileye 的高精度地图更新模式。

10. 常用的高精度地图

　　高精度地图作为智能网联汽车自动驾驶不可或缺的资源，也随着智能驾驶的发展备受关注。就国内而言，高精度地图的采集研制主要集中在百度、高德等公司以及清华大学和上海

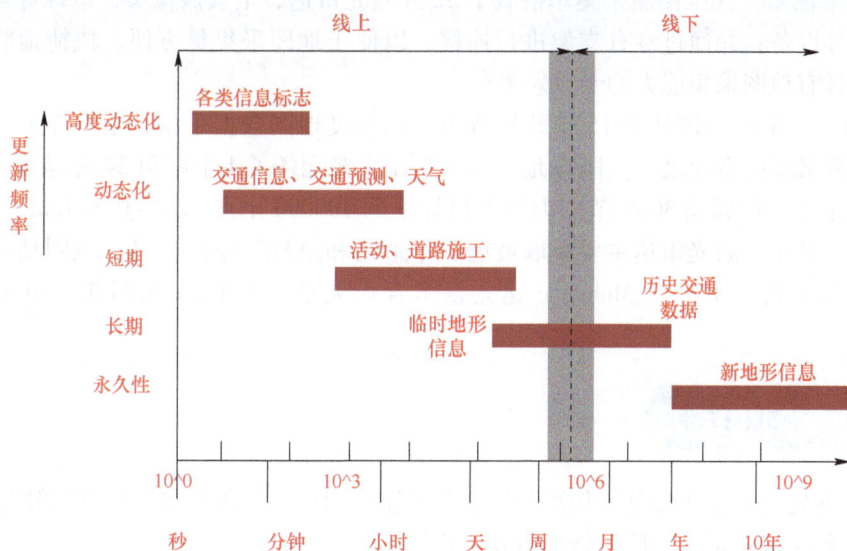

图 8-33　高精度地图各种信息的更新频率示意图

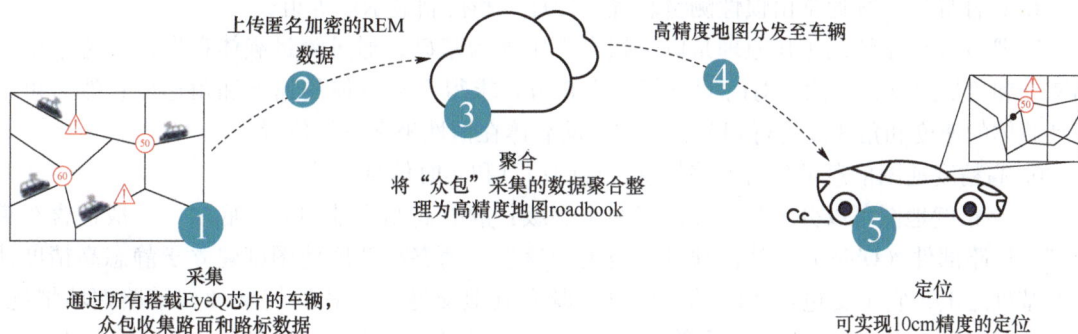

图 8-34　Mobileye 高精度地图更新模式

交通大学等高校。在国外，德国的三大车企（宝马、戴姆勒和奥迪）收购了 Here 公司，并共同构建高精度地图；美国谷歌公司也进行了大量的高精度地图采集工作。下面将简要介绍主要的高精度地图供应商及其基本情况。

（1）百度　百度作为国内唯一拥有从采集设备到数据制作全流程自主技术研发能力的高精度地图供应商，其采集车包括全景和高精两类，其中，全景采集车可满足高级驾驶辅助系统（Advanced Driving Assistance System，ADAS）级别（50cm）的采集需求，车顶搭载三台尼康 D810 单反相机，搭配鱼眼镜头，单台像素可达 3638 万，车上配备 GPS 和惯性测量单元；高精采集车在全景基础上增加了 45°倾斜的 Velodyne 激光雷达，利用激光雷达的激光点云数据采集车道线、地面喷漆、里面路牌和城市立交等信息。

（2）高德　高德地图采集车包括 ADAS 和高度自动驾驶（Highly Automated Driving，HAD）两类，其中，ADAS 采集车安装了 6 个 CCD 摄像头（5 个圆形环绕+1 个单独），每个摄像头均为 500 万像素；HAD 采集车车顶配置两个 RIEGL 三维激光雷达（一前一后倾斜安装）和四个摄像头（两前两后），相机主要负责采集标志牌等道路元素，激光雷达主要采集边缘线和车道线等道路信息。

（3）**四维图新** 四维图新采集车搭载了32线激光雷达、全景摄像头、全球导航卫星系统及惯性导航等设备，并通过专有支架进行连接，以便于地图采集员方便、快捷地将一辆普通车辆装配成具有地图采集能力的专业采集车。

（4）**Here** Here地图从2015年开始致力于高精度地图数据采集，是世界上实现高精度地图覆盖里程最多的企业之一。Here地图的采集车主要配备了4个广角24兆像素摄像头、旋转式激光雷达（扫描周围300ft范围内每个目标上的700000个点，1ft＝0.3048m）、惯性导航系统和GPS。其中，激光雷达主要获取坡度、车道线和路标等路面信息，地图精度可达到厘米级。2017年年初，Here与Mobileye建立技术合作关系，使Here地图获得更多实时道路信息。

【学习小结】

1. GPS的定位方法主要分为伪距测量、载波相位测量、多普勒测量和卫星射电干涉测量。

2. BDS的组成包括空间段、地面段和用户段。

3. 惯性导航系统（Inertial Navigation System，INS）是一种利用惯性传感器测量载体的角速度信息，并结合给定的初始条件实时推算速度、位置和姿态等参数的自主式导航系统。

4. 惯性导航系统通常由惯性测量装置、计算机和控制显示器等组成。

5. 惯性导航系统的工作原理是以牛顿力学定律为基础，通过测量载体在惯性参考系中的加速度和角加速度，将两者对时间进行一次积分，求得运动载体的速度和角速度；然后再对运动载体的速度和角速度进行积分，得到运动载体在惯性坐标下的位置。

6. 高精度地图信息可分为道路信息、规则信息和实时信息三类。

7. 高精度地图可以分为静态和动态两个层级：静态高精度地图处于底层，一般包含车道模型、道路部件（Object）、道路属性三类矢量信息；动态高精度地图则建立于静态高精度地图的基础之上，它主要包括实时动态信息，既有其他交通参与者的信息（如道路拥堵情况、施工情况、是否有交通事故、交通管制情况、天气情况等），也有交通参与物的信息（如红绿灯、人行横道等）。

8. 高精度地图的图层分为地图图层、定位图层和实时图层三类。

9. 高精度地图对于智能网联汽车无人驾驶来说主要有地图匹配、辅助环境感知和路径规划三大功能。

10. 高精度地图的制作流程主要包括数据采集、数据处理、元素识别和人工验证四个步骤，人工验证后才编译为最终的产品。

【知识巩固】

一、填空题

1. 智能网联汽车常见的定位技术有＿＿＿＿＿＿、＿＿＿＿＿＿、＿＿＿＿＿＿和＿＿＿＿＿＿。

2. GPS由＿＿＿＿＿、＿＿＿＿＿、＿＿＿＿＿组成。

3. BDS由＿＿＿＿＿、＿＿＿＿＿、＿＿＿＿＿组成。

4. 惯性测量单元由＿＿＿＿＿＿和＿＿＿＿＿＿构成。

5. 高精度地图对于智能网联汽车无人驾驶来说主要有＿＿＿＿＿＿、＿＿＿＿＿＿、
＿＿＿＿＿＿三大功能。

6. 高精度地图的制作流程主要包括＿＿＿＿＿＿、＿＿＿＿＿＿、＿＿＿＿＿＿、
＿＿＿＿＿＿四个步骤。

二、简答题

1. 简述 GPS 主要的定位方法。

2. 智能网联汽车惯性导航系统的作用是什么？

3. 简述智能网联汽车通过高精度地图定位的方法。

参考文献

［1］陈宁，徐树杰. 智能汽车传感器技术［M］. 北京：机械工业出版社，2020.

［2］崔胜民，卞合善. 智能网联汽车环境感知技术［M］. 北京：人民邮电出版社，2020.

［3］陈宁，邹德伟. 智能网联汽车环境感知技术［M］. 北京：机械工业出版社，2021.